且行且思
——行走在教育世界的思悟

高红珊 著

山西出版传媒集团

三晋出版社

图书在版编目（CIP）数据

且行且思：行走在教育世界的思悟 / 高红珊著. --
太原：三晋出版社，2022.10
ISBN 978-7-5457-2582-7

Ⅰ. ①且… Ⅱ. ①高… Ⅲ. ①教育—文集 Ⅳ.
① G4-53

中国版本图书馆CIP数据核字（2022）第188577号

且行且思：行走在教育世界的思悟

著　　者：	高红珊	
责任编辑：	刘玫吟	

出　版　者：	山西出版传媒集团·三晋出版社
地　　　址：	太原市建设南路21号
电　　　话：	0351-4956036（总编室）
	0351-4922203（印制部）
网　　　址：	http://www.sjcbs.cn

经　销　者：	新华书店
承　印　者：	山西基因包装印刷科技股份有限公司

开　　　本：	720mm × 1020mm　　1/16
印　　　张：	8.5
字　　　数：	150千字
版　　　次：	2024年7月　第1版
印　　　次：	2024年7月　第1次印刷
书　　　号：	ISBN　978-7-5457-2582-7
定　　　价：	56.00 元

如有印装质量问题，请与本社发行部联系　电话：0351-4922268

目　录

教学研究论文篇 ···1

建构主义理论下的网络课堂 ······································1

提高物理课堂教学效率四法 ······································3

重要的是创设有效课堂 ··6

教师在教育反思中成长 ··8

幼儿教师团队合作模式初探——以西宁市保育院为例 ···········11

西宁市保育院教育戏剧实践与探索 ·······························14

远去的身影 ···18

借"思政"之力助院所发展 ··20

试论加强学生的诚信教育 ··24

幼儿园语言教育的方式与策略探究 ·······························27

学前教育中幼儿道德习惯的培养策略探讨 ·························29

幼儿园家园合作现状调查研究 ····································32

民主管理科学施教 ···38

课题研究设计篇 ··42

基于幼儿发展的教育戏剧行动研究 ·······························42

基于团队合作的幼儿园教师专业发展实践研究 ·····················49

红色文化融入幼儿园思想品德启蒙教育实践研究 ···················61

幼儿园语言教育行动研究 ………………………………………………74

幼儿园早期阅读活动研究 ………………………………………………79

"幼儿园混龄区域自选活动的问题与对策研究"中期推进方案设计 ………84

教育随笔案例篇 …………………………………………………………89

写给我的一首诗 ………………………………………………………89

爱国,是民族的灵魂 ……………………………………………………93

开题随笔 …………………………………………………………………94

"我信你个鬼" ……………………………………………………………95

爱跳舞的男孩 ……………………………………………………………96

两只小羊 …………………………………………………………………98

制度是管理的保障 ……………………………………………………100

对初中物理教学中演示实验的几点思考 ……………………………101

西宁市回族中学"师德五心"集体家访日活动案例 ………………104

工作心得方案篇 ………………………………………………………109

挂职工作心得 …………………………………………………………109

西宁市保育院迁建开工感言 …………………………………………112

培训学习心得 …………………………………………………………113

"三引领三融合"管理心得 ……………………………………………117

办园思想的思考与形成 ………………………………………………118

省级示范幼儿园评估整改工作方案 …………………………………119

虎台中学分校校园文化示范校建设方案 ……………………………123

西宁市教育局关于未成年人思想道德建设工作汇报 ………………126

后　记 …………………………………………………………………131

教学研究论文篇

建构主义理论下的网络课堂①

建构主义理论认为,知识是学习者在一定的情景中,借助他人(包括教师和学生)的帮助,如人与人之间的协作、交流,利用必要的信息和学习资源,通过意义的建构而获得的。理想的学习环境应当包育括情景、协作、交流和意义建构四个部分,获得知识的多少取决于学习者根据自身经验去建构有关知识的意义和能力。

建构主义学习理论对学生及学习过程有如下要求:学生要识别信息,加工信息,对知识进行主动建构,建立自己对各种现象的理解;要与他人进行合作学习,针对某些问题相互交流与质疑,了解彼此的想法。上述正好与网络化课堂教学不谋而合,体现出个体自我发展、协作能力的培养的要求。可以说,建构主义学习理论对改革我们现存的教学弊端具有很强的针对性。

一、网络化课堂教学

要培养具有创新精神和创造能力的人才,必须从教学模式的改革入手。长期以来,"以教师为中心"的教学模式一直占据着我们的课堂教学。以建构主义理论为指导,将计算机信息技术有机地融入课堂教学之中,形成富有创新精神的网络课堂,从小培养学生的创新精神,具有重要的理论意义与应用价值。网络化课堂教学是信息技术与传统课堂教学整合而产生的新的现代课堂教学形式,其教学活动是在课堂与网络双重环境下,在以学生为主体,教师为引导的理念下进行,充分体现了教师轻轻松松地教,学生快快乐乐地学的教学思想。

---

① 本文2004年发表于《青海教育》。

二、网络化课堂教学的优势

网络化课堂教学吸纳传统课堂教学与网络教学的优点,具体表现为以下几点。

1.具有丰富的多媒体形式的学习资源。

2.双向交互方式的建构,多种交流手段的应用,促进了师生间、学生间的问题解惑以及情感因素的形成。

3.易于组织、管理,并可以做到因材施教的教学方式,使教师的引导作用得以充分发挥,避免了学生偏离教学目标。

4.易于开展各种教学活动,强调以学生为中心,让学生在课堂教学活动中按照其认知特点,主动完成意义建构,可以充分发挥学生的主体性和能动性。

5.自主学习、协作学习的环境,有利于培养学生个性化以及团队合作精神。

三、网络课堂教学设计

以高中物理《波的形成和传播》一节为例,课堂教学设计可如下进行。

(一)学习目标与任务

1.学习目标描述。

(1)知识目标:学习波的相关知识。

(2)能力目标:①通过波的模型的建立,提高学生的空间想象能力;②通过对波的模型进行分析判断,提高学生的分析推理能力。

(3)德育目标:通过机械波形成时某个质点与介质中群体质点的关系,体会个别和整体的关系。

2.学习内容与学习任务说明。

(1)通过模拟实验,让学生认识机械波及其条件。

(2)通过分析讨论,理解机械波的概念、实质和特点以及与机械振动的关系。

(3)通过比较对机械波进行分类。

(二)学习者特征分析

我校高二学生学习基础并不十分扎实,学习自觉性一般,学习习惯尚好。

(三)学习环境选择与学习资源设计

1.学习环境选择。本课选择校园网和网络教室的局域网进行。

2.学习资源类型。选择网络课件、工具、题库等。

3.学习资源简要说明。

(1)名称:波的形成和传播;网址:略。

(2)主要内容:任务、过程、实验、评价、结论。

(3)任务:学习目标、能力目标、德育目标。

(4)过程:通过课件,演示横波和纵波的形成过程以及波的实质和特点。

(5)评价:练习题。

(四)学习情景创设

1.学习情景类型。选择问题性情景和虚拟情景等。

2.学习情景设计。问题的情景导入——通过图片资料给学生一定的感性认识——虚拟情景模拟横波和纵波的形成过程——由课件展示波的实质和特点——结论——评价(习题)。

(五)学习活动

创设情景,导入新课。利用教学媒体(如CAI课件等)来创设愉悦的教学情景,引发出这节课要解决的问题,诱发学生的好奇心,同时引起学生的兴趣。

分组讨论,各抒己见。把学生分成十组,学生个人自主学习和小组网上协作学习讨论,发挥学生的自主学习和协作学习能力,培养学生分析问题、解决问题的能力,最终达到培养学生创造性思维的目的。在此过程中教师可进行个别辅导和讲解,主要以学生自主学习为主。

总结归纳,教师可通过网络,监控学生的网上讨论和学习,并在学生自主学习和协作学习的基础上,进行总结归纳。

提高物理课堂教学效率四法①

如何把控课堂,提高教学效率,一直是教师感兴趣的研究课题。教学中,教师要树立有效教学的理念,提升自身专业素质,充分利用和挖掘教材蕴含的智力与非智力因素,提高课堂教学水平,激发学生智力潜能。这样不仅利于顺利完成教学任务,同时有助于学生对知识的理解、掌握和探究,达到培养创新精神和实践能力的目的。以下是自己的教学所得,供参考。

---

①本文2011年发表于《青海教育》。

一、借题发挥——情为所动

在教学过程中可通过"借题发挥",介绍有关知识背后隐匿着的一些可歌可颂、可敬可佩的人物故事,使学生对所学内容产生亲切感。如讲到放射性物质时,介绍居里夫人是怎样历经千辛万苦,克服了物质上、精神上、身体上常人难以想象的困难和煎熬,最终成功提炼出1克纯镭,两度获得诺贝尔奖的事迹。与此同时,还可给学生讲述这样一件轶事:有人愿意出资5万英镑的巨款购买她提炼的1克镭,但被她拒绝了。她宁肯不取分文,无私地将这1克镭献给人类。告诉学生,其实研究身边的琐事并有大成就的物理学家的事例也不胜枚举。如勤于观察的意大利物理学家伽利略,在比萨大教堂做礼拜时,悬挂在教堂半空中的铜吊灯的摆动引起了他极大的兴趣,后来反复观察,反复研究,发现了摆的等时性;勇于实践的美国物理学家富兰克林,为认清"天神发怒"的本质,在一个电闪雷鸣、风雨交加的日子,冒着生命危险,利用风筝将"上帝之火"请下凡,由此发明了避雷针,等等。物理学家的事迹能激励学生勤奋学习,逐步培养他们勤学善思和坚持不懈的精神。

二、质疑——诱发求知欲望

如在教学初中物理"摩擦力"一节时,可先提出一个有趣的问题:"把一个1吨重的铁球放在地上,一只蚂蚁能不能推动它?"话音未落,学生大笑,齐声答:"推不动!""如果地面光滑呢?""也推不动!"这时教师要求学生再仔细考虑一下,忽然有学生感悟到:"推得动推不动,不是看铁球的质量,主要看它与地面摩擦力的关系。"教师肯定了学生的回答,在研究推力和摩擦力的大小怎样影响物体在水平方向运动的情境中,顺利完成了教学任务。又如在学习"球面镜"知识时,可以利用汽车中的光学知识联系实际设问:①汽车驾驶室外面的观后镜为什么是一个凸面镜?②汽车头灯里的反射镜为什么是一个凹面镜?③为什么汽车头灯总要装有横竖条纹的玻璃灯罩?④除大型客车外,绝大多数汽车的前窗为什么都是倾斜的?通过这样的质疑设问,能有效诱发学生的求知欲望,使他们在不知不觉中进入教学情境,收到预期的教学效果。

三、联系实际——易于理解,记忆深刻

如教学"液体的蒸发"时,用晒衣服的例子提问:"刚洗过的衣服要干得快,应晾在什么地方?"学生答:"晾在太阳下面。""如果没有太阳怎么办?""晾在通风处。""是拧成一团干得快还是展开了干得快?"这样,教师只需稍加讲述,就能使

学生明白液体蒸发的条件——升高液体温度、增强液体表面空气对流、增大液体表面积。又如学习了热学知识后,可提出如下问题:①烧水的铝壶壶底有凸凹不平的同心圆,这些同心圆圈起什么作用? ②油炸食品时,油锅中滴入水滴会发生爆裂,并把热油溅起;沸水中滴入油滴却没有类似的现象。这是为什么? ③夏天自来水管上为什么常有水珠? ④为什么许多电冰箱的背面都涂成黑色? 物理来源于生活,又反过来应用于生活,将知识讲解与生活实际紧密结合,不仅易于学生理解,而且经久不忘。

四、研究式教学——培养创新能力

在教学中可通过将演示实验改为分组实验,验证性实验改为探索性实验,鼓励做好课外小实验等途径来激发学生的探究兴趣,培养创新能力。具体可采用如下研究式教学方法:①确定研究课题;②引导学生进行"科学猜想";③设计实验方案;④实验观测(分析处理实验数据):⑤探索;⑥验证猜想的正确性;⑦得到科学结论(物理规律);⑧理论论证(根据学生能力适时进行)。如将"浮力"和"阿基米德原理"中的验证性实验改为探索性实验,引导学生探索、"发现"浮力的规律——阿基米德原理。

教学过程分为以下四个环节。

1.从"二力平衡"出发,用类比法引出"浮力"概念。

2.引导学生把有关浮力的生活经验与探索浮力的规律结合起来,提出"科学猜想":①浮力可能跟物体浸入液体里的体积有关;②浮力还可能与液体的密度有关,并通过实验加以验证,获得有关浮力的定性规律。

3.引导学生提出进一步"猜想"(如浮力是否与排开液体的重力有关),探索关于浮力的定量关系式,总结出阿基米德原理。

4.从理论上对阿基米德原理进行初步验证,完成理论论证和实验结果的统一。

重要的是创设有效课堂①

苏联教育学家凯洛夫认为,教学是教师教与学生学的统一活动。新课改的核心环节是优化课程实施的基本途径——课堂教学。教师怎样在课堂教学中教得更好,关键在于创设有效课堂。

一、创设有效课堂要以建构主义理论为指导

盖楼的工地上有脚手架,工人们凭借它可以平稳有序地完成一系列高空作业。其实教学也是给学生搭建"脚手架"的过程。建构主义理论认为,新知识的学习要依靠现有的理解才能完成,因此学习者应建构自己对新知识的理解,并强调自上而下进行教学,即先从复杂的问题入手,然后在教师的帮助下找到所需要的子任务,进而学到相关的基本技能。"脚手架"的搭建可以从学生已有的经验出发,给他们提供具有一定认知难度的学习项目,然后在教师的有序引导下学习新内容,并内化为自己的新经验。

二、有效课堂展现

创设有效课堂的关键是改变教师教学行为、学生学习方法。当教师从主导者变成引导者、促进者时,既能激励、诱导学生主动学习,又能在学习过程中提供咨询、辅导、帮助。学生则从被动的接受者变为主动的聆听者,在自主探索与合作交流中获得自主学习能力、与人合作能力、信息收集与处理能力、创新实践能力等,真正成为课堂的主人。

以人教版八年级物理下册第八章第一节"电能"教学为例,采用建构主义理论中的"抛锚式"教学法,使学生通过自主学习、合作学习、探究学习获得成功的体验。

(一)创设情境

1.课前布置学生阅读课本、查阅资料,了解有关电能、风能、水能、热能、化学能、太阳能、动能、机械能等各种不同形式的能,扫清学习障碍。要求学生将相关知识摘录下来。教师准备:①多媒体课件(介绍爱迪生生平;电能在社会生产、生活中的应用实例;其他形式能量与电能相互转化实例等);②不同类型的电能表

①本文2012年发表于《青海教育》。

实物、模型。

2.课前播放课件,让学生在预习的基础上具体感受声、光、电,体会电能给人类社会带来的巨大变化,了解、体会爱迪生探究科学的精神,态度和方法。

3.各学习小组互相传阅自己准备的资料,以投票的形式评选出三个小组在实物展台展示,由物理课代表点评、总结。在学生获得初步体验后,进入第二个教学环节——"抛锚"。

(二)"抛锚"

提问:①什么是电能? 电器工作时是否消耗电能? 电能可以由哪些形式的能量转化而来? 要求各小组快速、准确抢答,讲解、释疑由学生完成。之后以同样形式完成"预习导学"。整个过程中教师只做点评。②社会生产、生活都要利用电能,我们使用的电能是由电网提供的,家中的电能表就是用来记录所有电器消耗电能多少的计量工具。那么同学们对于电能表了解多少呢? 由此引出第三个教学环节——主动学习。

(三)主动学习

将事先准备好的不同类型家用电能表实物、模型分发至小组,要求各小组学生以自主学习的形式主动探究,写出电能表使用说明。

(四)协作学习

各小组认真观察,积极讨论,初步写出电能表使用说明。之后,各小组循环交流所写的电能表使用说明,对其他小组的电能表使用说明进行讨论、交流、打分,并写出评价意见。每份电能表使用说明上会有多个评价意见,返还到原组后,小组成员依照评价意见修改、完善电能表使用说明。这种协作式学习有利于学生主动深入地探究问题的多个方面、多个环节,最终得出较为完整的"电能表使用说明"。在此过程中,教师巡回指导,观察、记录各小组协作情况以及学生学习情况,并随时解答疑问。

(五)效果评价

教师讲评各小组电能表使用说明,重点讲评各小组评价意见,评价的关键在于电能表使用说明是否全面、准确,各小组是否进行了有效交流。最后教师讲解巡回指导过程中发现的问题,总结学生讨论时的协作、探究等情况。

三、有效课堂感悟——怎样教得更好

1.教师要成为研究者。苏联教育家苏霍姆林斯基说过,教师的劳动就是一种真正的创造性劳动,它是很接近于教学研究的。教师无论是在备课、上课还是批改作业,都需要不断地揣摩、思考,也就是说,教学过程就是一个研究的过程,这是教师自我成长和教学实践的内在需要。于漪、魏书生是研究者,他们潜心钻研,努力实践创新,成为我们教师身边的教育家。

2.研究才能教得更好。在教学过程中需要仔细、全面研究学生特点、教材内容、课程标准、自我特质、教学环境,在此基础上才能选择好最有效的教学策略,创设有效课堂。只有认真研究课程标准及相关资料,才能决定教什么内容以及怎么教,不研究就可能做"无用功",就谈不上有效教学、有效课堂。

教师在教育反思中成长①

教师是教育的支柱,是教育改革的关键力量,教师的素质直接决定着教育水平的高低。本文通过提出教育反思的含义、教育反思的特点和教育反思在新课程实施中的意义,来探讨教育反思对教师专业成长所起的重要作用。

一、教育反思的含义

教育反思,即教师自觉地以自己的教育实践为思考对象,对自己的教育行动、决策以及由此产生的结果进行审视、分析和总结。教育反思是一个内涵相当丰富的概念。它不仅指反思课堂教学行为,也指对学生学习行为的反思;它不仅指教师反思总结自身的教学行为,也指反思总结其他教师的教学行为。概括地说就是:对所有教学行动的回忆、思考、分析、检讨和评价。

二、教育反思的特点

教育反思是教师基于日常的教育教学实践所进行的思考和评判。教育反思不仅仅被视为一种批判性思维活动,还是一种写作文体,它把教师对学生教育教学工作的思考和评判活动记录下来,成为教师专业成长的反映,也成为促进教师成长的一种科研范式。

(一)教育反思强调以教师自身的真实性为基础

教师进行教育反思,既是一种学校本位的研修途径,更是教师本位的教学研究。教师通过对自身的教育教学经历进行回顾,找出困惑和不解,并在此基础上

---

①本文2013年发表于《青海教育》。

纠正和完善,继而将之重新付诸行动。

(二)教育反思以探索教师行动意义为目的

教育反思是以自己的教育活动为思考对象,以自己为研究工具,进而对自己的行为、决策以及结果进行审视和分析的一种研究范式,它所追求的是对教师的行动意义的探索,强调"在教育中,通过教育,为了教育"。在进行教育反思时,教师并不是以业研究者的身份,而是以教师的职业角色和身份对自己遇到的问题进行研究,也就是做自己的研究,研究的是自己的教育教学工作。

如2011年3月,在我教学的学校,根据家访的实际情况,全体教师们经过认真反思,由政教处牵头,拟定了《学校家庭教育方法途径研究》课题,这个课题其实就是一个教育反思的经典实例。

(三)教育反思架起教育理论转化为教学策略的桥梁。

现在提倡的教学反思,就是试图在理论和实际之间架起一座桥梁,让教师在实践中把教育理论内化为自己的自觉实践行为。因为,教师的教育反思是一种从实践到理论的研究,即从教育教学实践中发现问题或自认为有研究价值的问题出发,不断地分析问题、解决问题,在学习间接经验的基础上,将普遍性的知识真正内化为自己的知识、经验和理论,从而实现自身行为的改进和提高。

如我校的家访日活动让教师们真正走近了学生,亲身体验了"教书育人"四个字所承载的厚重的责任和使命,开始反思自己平日里教学方法的简单、粗暴和无知,顿悟"有教无类""因材施教"这都源于爱。家访让师生间距离更近,简单粗暴的呵斥变成了亲近舒心的沟通,机械化的埋怨变成了工作上的积极乐观,疏远的师生关系变成了和谐的朋友关系。

三、教育反思在新课程实施中的意义

新课程背景下对教师提出了新要求,因此教师必须转变自身定位,认识到以下几点。

(一)教师是学生发展的促进者

在新课程的实施中,教师的作用是创造出一种学生学习的情景,给予学生心理上的支持,培养学生的自学能力。调控课堂时需尊重学情,课后及时反思,交流课堂感受。

(二)教师是教育的研究者

新课程内容综合性强、弹性大,教材教参留给教师的发挥余地大。因而,新课程呼唤教师要有一定的个性展现,有个性的教师一定能培养出个性张扬的学生,有创新精神的教师一定能开启学生的智慧。教师的创造性劳动会使课堂生动起来、快乐起来,自己也不断成长、提高。

(三)教师必须反思传统与现代教学方法

现在是网络时代,学生接收信息的渠道众多,但多则惑,教师必须反思应该如何教会学生"会学"。知识模块教学的提出,打破了传统教学的系统性,注重思维的培养,尊重学生表达自己的独到观点,打破了传统教学的唯一性。但传统教学并非一无是处,我们都应该辩证看待。

四、教育反思在教师成长中的作用

美国心理学家波斯纳曾提出教师的成长公式是"经验＋反思＝成长",我国著名心理学家林崇德也提出"优秀教师＝教学过程＋反思"的成长公式。无论是前者还是后者,我们都可以得出一个结论:反思是教师发展的重要基础。

具体说来,教育反思在教师成长中的作用表现在以下几方面。

(一)问题意识的培养

在日常教育教学工作中,许多教师由于缺乏问题意识,常常发出没有课题可研究的感叹。其实学校的教育科研完全可以从教师的教育教学工作实际出发,让教师在自身的亲身实践中发现问题,通过研究日常教学中存在的困惑和疑难,为教育教学实践扫除障碍,并提升自己的科研素养。教师在教育教学活动中,首先要做一个有心人,经常琢磨,学会在貌似没有问题之处发现问题,培养自己的问题意识。

(二)批判性思维习惯的养成

英国著名课程论专家劳伦斯·斯滕豪斯指出:"没有教师的发展就没有教育的发展,而且发展的最好手段不是通过明晰目的,而是通过批评实践。"教师作为研究者,其批判性思维是不可或缺的基本素质。作为促进教师专业化发展的有效载体,教育反思要求教师要以研究主体的眼光审视教学过程,不能一味地认同他人的观点和认识;作为研究的教育反思,它具有持续性、不间断性、批判性和系统性的特点。它能够让教师在实践中养成"发现问题—提出问题—探究问题—讨论问题"的思维习惯,使教师批判和研究的意识贯穿到日常具体的教育教学工作中。

通过反思,教师形成自己对问题的看法,提升自己分析问题的能力,实现由

"经验型"向"研究型""学术型"和"创造型"角色的转换,提高教育教学水平,增强自信心,消除职业倦怠感,从而促进教育的可持续发展。

幼儿教师团队合作模式初探——以西宁市保育院为例①

摘要:教师团队合作模式是教师团队合作过程中应遵循的规范、准则,是教师团队合作的方式,对促进教师个体专业化发展及教师共同体建设有一定的积极作用。西宁市保育院面对中年教师经验丰富,专业水平较高,合作交流意识弱;青年教师专业知识扎实,缺乏实践经验的现状,以提升教师专业成长为目标,多形式建立教师合作团队模式,取得了一定成效。

关键词:幼儿教师;团队合作;实践研究;发展设想

一、幼儿教师团队合作现状及意义

教师团队合作以教师工作小组为基本形式,小组成员在工作中责任明晰,知识、能力、性格等互补,互相促进,共同协作,共同提升,实现共同目标。

(一)幼儿教师团队合作现状

目前,我国幼儿教师团队合作现状不尽如人意。首先,幼儿教师团队合作激励机制不健全,管理缺乏精细化,团队合作精神失位。其次,管理者对教师团队合作模式研究不足,对教师专业化发展工作思考不足,对教师缺少全方位发展的指导和引领,难以建设高素质的人才梯队。

(二)建设幼儿教师团队合作文化

团队合作能帮助教师反思教学、研究幼儿、改进教学,能促进教师之间沟通交流、分享经验资源、共同发展。幼儿园阶段的教育重点是培养幼儿的学习品质,教育方式以综合性活动为主,对教师团队的合作要求较高。一些学者专家对此也有相关阐述,如潘春燕提到在互动学习、集体研讨、交流反思中构建幼儿园合作文化;达朝燕提到要从团结的愿望出发,要以谅解、宽容的态度,多为别人着想,换位考虑,以诚相见。因此,幼儿教师要有大局意识,在服从整体的前提下,与同伴协商解决问题。实际工作中,教师团队的合作文化对团队建设起着重要作用。

---

① 本文2021年发表于《青海教育》。

（三）幼儿教师团队合作的意义

1.有利于提升教师专业化水平。团队合作是教师专业成长的一个重要方式,团队合作可以发挥集体智慧,促进个人专业化水平的提升。如集体备课中,年级组教师共同讨论教学内容,研讨教学难点,明确教材特点,分析幼儿情况。其中"听课—说课—评课"模式更是最直接促进教师专业化发展的有效方式。

2.促进幼儿各项能力更好发展。团队合作让教师在获得专业成长的同时促进幼儿身心的全面发展。以我院为例,"学习型"教师团队合作模式中,青年教师每周参加音乐工作室"律动"培训,之后分别在自己所教的班级中进行展示,幼儿的学习兴趣、合作能力、活动参与度均有大幅提升。有学者指出:"对于幼儿的一些缺点,如果单靠一个教师去解决,往往会觉得势单力薄,难以奏效。"如果班级教师团结起来,面对同一个问题,集中精力解决,相信效果会更好。比如小班幼儿刚入园会出现吃饭挑食、不肯单独入睡等问题。班级教师一起寻找原因,协同配合,步调一致,共同施策,就会促进幼儿形成良好习惯。

二、我院教师团队合作实践研究

教师团队合作模式是教师团队合作过程中应遵循的规范、准则,是教师团队合作的方式,是为达到团队合作的共同目的而采取的一切行为方式的集合,对促进教师个体专业化发展及教师共同体建设具有积极作用。目前比较有代表性的团队合作模式有集体备课模式、校本教研模式,具体有同伴互助、专题工作坊、协同教学、师徒结对、听—说—评活动等;也有不少学者提出了学习型、研究型等模式。

目前,西宁市保育院中年教师经验丰富,专业水平较高,但合作交流意识弱;青年教师专业知识扎实,但缺乏实践经验。面对此现状,我院以提升教师专业成长为目标,多形式建立教师合作团队模式,取得了一定成效。

（一）"区域联动"团队模式

我院自2016年起,以"十三五"国家级课题"幼儿园混龄区域自选活动的问题与对策研究"为抓手,积极打造合作型教师团队。以"区域"划分为依据,全体保教人员组成了9个合作小组,每个小组3～4人,组内人员分工具体,全组讨论制定每月主题及区域内材料的投放、更换等;每周一、周四早晨开展"混龄幼儿区域联动",各区通常有20名幼儿参与活动,各组填写《幼儿"个案追踪"观察记录表》《区域观察记录表》等。每张表的填写都需要全方位观察、认真记录,小组讨论、合作完成。全院9个团队依据区域、幼儿特点,积极研究行之有效的指导和观察方法。经过5年的实践,探索出了具有本院特色的"区域联动"团队模式,课题顺利结题,并在全省、全市推广。

(二)"研究型"团队模式

我院以课题研究为抓手,建立以省市级优秀人才为引领,青年教师为主体的课题研究小组,研究内容主要来源于工作中的"草根"问题。2018年,我院申报了市级课题"中华传统节日与幼儿教育的融合"。首先,挑选骨干组团队。各年级组骨干教师加入课题组,形成集实践、理论为一体的团队。课题组下设三个年级大团队,各年级团队分设三个小团队,年级组长、班组长分别担任团队组长。其次,组织学习融思想。组织保教人员学习中华传统节日的由来、节日特色及青海特有的文化习俗等,打好研究基础。第三,深入调查找症结。课题组通过问卷调查的方式,发现传统节日已淡化,节日文化被忽视。第四,保育院里逛庙会。课题组多角度思考、谋划,在各个团队的建言献策、积极支持下,决定将中华民族独有的庙会活动搬进保育院、搬进课堂,于展"亲子共游园"活动,将中华传统节日教育辐射延伸到家长、社会。2019年、2020年连续举办了两届"保育院里逛庙会"活动,此活动成了我院的"活教材"。通过课题研究,我们更新了观念、锻炼了队伍、提升了素质、培养了人才,形成了以课题研究为引领的课题组团队、年级组团队、班组团队、家长团队等多元化研究团队。

(三)"学习型"团队模式

我院的学习型团队依托青蓝工作室、七彩工作室、音乐工作室等开展。一是通识培训强基础。将新入职教师组成一个团队,由一名教研组长担任组长,工作室专职教师担任艺术、语言等领域的通识培训教师,所有培训按预定目标、内容、时间,按期按量完成学习任务。强化培训快速提升了新入职教师教学实操能力和课堂把控能力,为今后发展奠定了良好基础。二是自主选择强专长。让教师根据兴趣、特长,自主选择语言、美工、绘画、手工制作、舞蹈、音乐节奏等进行学习,一个类别为一个学习团队,每个团队每周开展一次学习活动,两个月开展一次技能竞赛,检查学习效果。三是以老带新共成长。青蓝工作室的师傅根据徒弟特点,量身打造成长计划,并积极组织实施。近三年,已有6名徒弟顺利出徒,走上班组长岗位。四是读书活动润书香。开展"我爱悦读"活动,打造"学习型"保育院,保教人员根据职称分为三个学习团队,后勤人员根据工作分工分为两个学习团队,院领导分布在各个学习团队中,身先示范,积极带领团队成员读书、分享、感悟、提升，努力营造读书教育人、学习提升人的浓厚氛围，打造主动学习、善于学习、终身学习的团队。

（四）"思政导师"团队模式

为加强全体保教人员思想政治教育，提高政治站位，坚定理想信念，选聘以院领导班子为主的6位政治觉悟高的同志担任思政导师，成立了一支"思政导师"团队。每月开展一次思政专题理论学习、一次专题研讨，针对青年教师存在的共性、个性问题，融思路、查源头、找途径。思政导师每月与青年教师谈心谈话一次，及时了解青年教师思想动态，沟通思想，解决实际问题。每名青年教师的思政导师和青蓝工作室结对师傅又形成一个团队，每月共同听评课，掌握青年教师教学现状，共同找出青年教师的优势和不足，共同商讨制订下一步业务提升计划，举措精准，实效显著。目前，这些青年教师中已有2人入党，2人成为入党积极分子，4人走上了年级、班级的管理岗位。

三、对幼儿教师团队合作实践的发展设想

一是建立健全完善的制度体系，如奖励制度、监督制度、考核制度等，在全方位促进教师专业化成长的基础上，探索建立最适于我院教师的团队合作模式。二是建立智慧型管理团队。在教师团队合作模式中，管理者起着决定性作用。团队模式确定、团队成员组建、物资投入、团队发展方向等，都需要团队管理人员有高层次的政治站位、精细化的管理思路、扁平化的思想维度。管理团队团结协作的精神、谋求发展的思路、突瓶颈的智慧将是我院今后快速、可持续发展的决胜力量。三是深化、升华、延伸、拓展我院已有的教师团队合作模式，在学习、借鉴、反思、纠误、实践的基础上，形成具有我院特色的教师团队合作模式体系。

西宁市保育院教育戏剧实践与探索①

摘要：教育戏剧（Dramain Education）即以戏剧的形式进行儿童教育，目的是帮助儿童拓展认知、提高语言的准确性、激发创造力、培养社会技能等，是一种"全人教育"与"终身教育"的艺术教育方式。我院以相关课题、儿童剧展演的方式开展了教育戏剧的相关探索与实践研究。

①本文2022年发表于《青海教育》。

关键词:戏剧;教育戏剧;实践

一、教育戏剧不是戏剧教育

戏剧教育是一个统称,泛指具有教育性质和目的的各种戏剧和剧场活动。它包含不同类别,比如:教育戏剧、教育剧场、过程剧场、儿童剧场,等等。在国内,很多家长都会把"教育戏剧"和"戏剧教育"这两个概念弄混。我国学者吴戈对于这二者之间的区分如下:"戏剧教育活动是以戏剧知识、能力培养为目的的教育活动,教育活动的内容是戏剧知识和戏剧能力。但是,教育戏剧除了手段借助于戏剧方式外,教育活动的内容可以是其他任何知识、技能,往往与戏剧无关。"教育戏剧甚至被认为是最契合"全人教育"与"终身教育"的艺术教育方式。

二、西宁市保育院的研究与实践

法国思想家卢梭有两个教育理念:一是在实践中学习,二是在戏剧实践中学习。美国教育家杜威认为,"生长是生活的特征,所以教育就是生长"。在他看来,教育不是把外面的东西强迫儿童去吸收,而是要使人类与生俱来的能力得以生长。

2015年9月,国务院办公厅发布《关于全面加强和改进学校美育工作的意见》,旨在提高学生的审美情操和人文素养,明确提出各学校应开设音乐、美术、舞蹈、戏剧、戏曲等课程。已有的实证研究表明,校园戏剧对学生的母语交流能力、学会学习能力、人际交往能力、创新精神和文化表达能力均有显著的促进作用。

(一)面临的问题

为了初步了解教育戏剧在西宁市幼儿园的开展状况,掌握教师对于教育戏剧工作的认识程度、期望值等。我们设计问卷做了抽样调查,共收回问卷403份。公办园占比较大,达到61.04%,青年教师居多,10年以内教龄占74.2%。53.85%的教师对戏剧的概念有所了解,对教育戏剧了解不足,且大部分知识源自多媒体,78.66%的幼儿教师没有接触过幼儿教育戏剧,67.49%的教师所在园没有开展过幼儿教育戏剧。值得欣喜的是,有348名(占比86.3%)幼儿教师认为非常有必要开展幼儿教育戏剧,93.8%的教师对幼儿教育戏剧兴趣浓厚,有74.94%的教师认为教育戏剧可以应用于五大领域。

从问卷结果分析可知,幼儿教育戏剧在幼儿园普及度不够高,教师了解不足,知识储存量不够。教师有意愿在幼儿园开展幼儿教育戏剧,认可教育戏剧所带来的价值,认为教育戏剧的开展具有重要意义。

综上所述,我们认为儿童戏剧教育活动存在以下问题。一是学前儿童教育戏剧活动与生活脱节,与游戏割裂。幼儿教师缺乏对学前儿童教育戏剧的认识,盲目将戏剧与孩子们的日常生活分离开来,没有意识到戏剧教育应该是从孩子的游戏开始,平时缺乏对儿童表演兴趣的培养,所进行的教育活动只是为了达到某种演出的效果,而组织幼儿进行戏剧排练。二是教师缺乏儿童教育戏剧相关专业素养。在我国的幼儿师范教育的课程体系中没有开设戏剧这门艺术教育课程,幼儿教育师范生在校学习阶段没有系统地学习过有关戏剧的知识和技能,在成为幼儿园教师后也少有系统学习戏剧艺术及戏剧教育的机会。三是缺乏家长的参与关注。家长少有参与戏剧教育活动的机会且对戏剧相关认知知之甚少,很多家长对孩子的培养带有很强的功利性,一切不是以孩子的需要出发而是过分注重教育的显性成果,这直接影响了学前儿童教育戏剧活动的效果。四是幼儿教师在戏剧教育活动中喧宾夺主。教师把自己作为活动的主导,过分地强调舞台效果,注重化妆、服装、舞台布景等。被戏剧最表层的东西所迷惑,戏剧教育活动丧失童趣,导致学前儿童教育戏剧活动失去其特殊价值。

我们认为,开展教育戏剧的研究有以下意义。一是促进幼儿综合能力的发展。通过教育戏剧活动可以提升孩子的表达、情感、社交、审美、认识、欣赏等能力,同时幼儿能运用语言、动作、道具及其他表征符号工具来表现自己的想法和抽象事物,儿童教育戏剧活动引导幼儿浸润在戏剧活动中,是各种学习活动和游戏活动的整合形式,为幼儿提供了一个推进幼儿整体发展的活动平台。二是通过活动避免小学化教学模式。通过游戏的方式,达到润物无声的教育过程及效果,避免小学化刻板生硬的教学模式,创造一个轻松愉悦的氛围,在不会拔苗助长的前提下促进幼儿全面发展。三是为幼儿提供人生体验场。通过演绎不同角色体验不同人生产生不同的感受,戏剧是人生的折射也是充分利用情景和环境实施教育的平台。

(二)实践与探索

2016年起,西宁市保育院开展了"十三五"国家级课题"幼儿园混龄区域自选活动的问题与对策研究",我们选择有专业特长的老师共设置了十个区域,"演艺区"作为其中一个区域,开展幼儿表演能力的培养。从最基本的环创、投放材料开始,逐步过渡到简单的片段、情景表演,慢慢产生了比较成功的活动,如:"我是小歌手""时装表演""演艺舞台",这些幼儿感兴趣的游戏活动不仅在区域里进行,很快被推广到各班级、各年级。

根据皮亚杰的认知发展阶段理论,3—6岁幼儿处于"前运算阶段",尚未进入学校生活,其关键的心智发展,在于表征思维、自我调节和计划。幼儿的儿童剧活动,不是将戏剧元素与教学内容结合,将戏剧作为辅助手段,而是让儿童全部浸润在戏剧活动中,儿童剧是各种学习活动和游戏活动的整合,是一个推进幼儿整体发展的活动平台。2019年,我们在学习、反思的基础上,开始了儿童剧实践工作,海选适合院情、幼情的剧本,挖掘乐于表现、擅于表演的幼儿,举办小型的演艺活动等,大量丰富的活动提升了教师们对于戏剧表演的把控能力,小朋友的表演能力也在大幅度提升。具体的抓手有以下几点,一是以申报"十四五"国家级课题"基于幼儿发展的教育戏剧行动研究"为抓手,从理论的高度开展研究工作;二是以"建党百年、建院七十年"庆祝活动为契机,从实践中总结经验为课题研究蓄力,为师幼搭建展示能力的舞台;三是编写出一些适合幼儿年龄特点、认知水平、创新能力的儿童剧剧本。

我们的努力得到了回报,青海省戏剧家协会在了解到我院的实践探索后,派出高水平专业教师进行指导,大大提升了师幼的演出能力,同时还授予我院"戏剧进校园实践基地"称号。2021年5月29日晚,在青海省戏剧家协会的帮助、指导下,我院成功举办了一场"感党恩听党话做党的好娃娃"的儿童剧展演,3—6岁的小朋友们表演了《花木兰》《白雪公主》《陪伴是最好的爱》《小兔子乖乖》《厨房小精灵》《小湟鱼笑了》等剧目。表演内容紧扣故事情节,富有表现力,小演员们动作表达恰当自如,生动有趣,掀起一波波高潮,赢得观众的阵阵叫好,对西宁市保育院教育发展给出了很高的赞誉。今年我们还将继续开展这项实践工作,《王二小》《哪吒闹海》《老鼠嫁女》《天仙配》等剧目已在排演中。

(三)思考与反思

在轰轰烈烈完成了我院的儿童剧首次展演后,我们在思考,幼儿得到了什么,教师发展的程度如何。

问题一:演出内容由老师确定,幼儿是否喜欢。

问题二:演出由教师主导,幼儿的主观能动性有没有得到发挥,活动有没有体现游戏化。

问题三:通过演出,教师得到了什么,能力有没有提升。

事实是,在教师的安排、指挥下,幼儿出色完成了演出任务,表演能力得以扩展,艺术素养得到培养,认知水平提高,思考能力进阶,但幼儿的主观能动性没有得到充分发挥。教师通过组织活动，了解了教育戏剧的作用，掌握了戏剧的排演、组织等综合技能，提高了教师的专业水平，体现了教师是幼儿成长道路上的"引导者""合作者"的作用，但通过戏剧开展的教育是否让师幼入脑入心，值得反思、商榷。我们想，幼儿园开展幼儿教育戏剧十分有必要，但还需教师们深刻思考幼儿教育戏剧的价值以及如何实现这一价值。

三、研究展望

幼儿戏剧活动作为一门根植于幼儿园这一特定场域的教育戏剧形式，是集语言、艺术、品德、健康等多领域教育内容为一体的综合性艺术，是完善院所美育工作，从小培养幼儿核心价值观的重要载体，是打造我院特色的重要抓手，更是展示我院教师风采、能力水平的重要平台，我们将借此契机，不断实践、探索、反思，形成具有院所特点、有推广价值的幼儿园教育戏剧教学体系。

远去的身影

望着他们渐渐远去的身影，我依然站在那里，想把他们铭刻在心。

这是我从教二十多年来带过的一批特殊学生。2010年3月，因为工作变动，我来到西宁市回族中学工作。从生活、工作了多年的城西区，突然来到回中，令我有些不知所措，同时还要面对一个因种种原因而"烽烟四起"的班级，多年的教育教学经验本应该可以使我游刃有余，但此时我竟有些惶恐不安。

我认真地和回中老师交流，没想到老师们没有多少抱怨，更多的反应却是：回中的学生特别需要帮助，我们回中的老师只是承担了比其他学校老师更多的职责而已。看着老师们的淡定，我有些无言，同时也很无奈，心中不禁疑云密布。随着时间的推移，当我逐渐融入回中的生活后，我的心结才慢慢解开，同时也寻找到了回中老师们拼搏奋进、精神勃发的缘由。

来回中后不久，我参加了学校的"集体家访日"，这才是"真正的家访"啊！家访时全校教师每三人一组，要到自己所教班级的五个学生家中家访。我记得那天，全校师生都喜气洋洋，似乎是一个节日，学校周围到处是家访的师生，远远相见，热情洋溢地互致问候，和春节拜年无异。我怀着忐忑不安的心情，生平第一次走进了城东区富强巷、大园山，看到的是人们对我们的笑脸，原来他们早就知道今天回中老师家访,有老师悄悄告诉我,以前家长不欢迎我们,现在不仅欢迎,而且家长们还会专门停下手中的生意,回到家中等着老师们,周围的群众人人皆知,故而笑脸相迎,同时,被家访的家庭还引以为豪呢!我家访的第一个学生是这样一种情况,父母带兄妹二人来西宁打工,因为是回族,故而租住在富强巷。进入租住房,昏黑、潮湿,霉气扑面而来,但家中却干净、整洁,学生的母亲专门请假在家等候,不停地说老师们能来太高兴了!我们一行与家长交流学生在校、在家的学习及表现情况,主要以表扬为主,间或也要点明学生的缺点,还要谈一些教育孩子的方法,交谈很愉快。就在我们准备离开的时候,这位妈妈拉着我的手说:老师,你们吃点我包的饺子吧?孩子不敢说,怕你们嫌不干净。我顿时心酸不已,眼泪在眼眶里直打转。这个孩子平时在班里沉默寡言,不善言谈,但成绩优异。直到今天家访我才知道他和妹妹每天趴在一张双人床上写作业,谁能想象优异的作业会出自这里。据我了解,因为长相问题,他还曾遭到调皮学生故意的欺辱。回中家访是有纪律的,不允许在学生家里吃饭,可今天不吃不行啊!我马上强压哽咽,回答说,看你儿子这么优秀,你包的饺子一定好吃,快,煮饺子!母子俩看着我们吃饺子,不停地擦眼泪。我们几位老师吃的是饺子,咽下的却是感动的心意和泪水。走出家门,母子俩送了我们很远、很远。此后,这个孩子学习更加努力,我也常常资助他,中考前他和家人离开了西宁回了原籍,但他留给我的笑脸,终生难忘!

2011年3月,班里有个女生没来报到,我马上想到了原因,上学期开学她母亲曾来找我,说他父亲觉得女儿大了,不想让她再上学,是她据理力争才让这孩子进了学校,她不希望孩子小小年纪就辍学。这学期肯定是没办法再来了。怎么办?听之任之?不,一定要让孩子回来上学,完成义务教育。到回中一年了,我也基本了解了当地的一些民俗风情,回族家长现在已经比较重视孩子的教育,但有些根深蒂固的观念一时很难从根本上消除,家长也有不得已之处,我们要学会理解,但学生不能无故不上学。于是我们想办法请来了她的父亲,他解释说:孩子已送到外地学习。可是当天下午就有学生告诉我,这个女学生在校门口转悠,说:希望老师们去给家长说说,她想上学。情急之下,我们几位老师决定马上出发去其家中将孩子叫回,以免夜长梦多,我还专门邀请了懂宗教并且能言善辩的回族教师同往,以便于做工作。终于敲开了家门但孩子不在家,于是我们给她的奶奶、姑姑、母亲做工作,又给她父亲打电话交流、讲道理,甚至施压,但见不到学生我们无计可施,只好无功而返。正在无奈之际,她自己背着书包来学校了,我高兴地带她回到教室,并让同学们鼓掌欢迎。随后拨通了其父亲的电话,请求到:我当了二十多年的老师,没求过家长,今天我就求求你,让孩子回来上学吧！在我的请求下,他终于答应了,可我的心却怎么也静不下来,说不出是什么滋味。这位家长之后再也没为难过这个女孩,只是告诉孩子说:老师们这么费心,你好好念书！他甚至还找机会来给我解释原因,我笑着和他交流,站在他的角度似乎也很有道理,但毕竟我们赢了。我理解她父亲的苦衷,同时更坚定了我要教好这些孩子的信心。毕业那天,我悄悄望着这个孩子,看着她的笑脸,在想:为她祝福吧！希望她的明天是美好的。

母亲节前,班里几个闻名全校的调皮鬼来到我的办公室,腼腆地告诉我:"老师妈妈,祝你母亲节快乐！"我热泪盈眶,情不自禁地拥抱着他们。教师节依然收到已毕业的学生送给我的祝福:"老师,祝你教师节快乐,身体健康！"我热泪纵横！尽管看不到他们,可他们的笑容、身影永远铭刻在我的心底。我在心里大声地说:孩子们,老师爱你们！

又开学了,望着那些背着书包在校园快乐求学的孩子们,我似乎又看到了他们渐渐离去的身影。我知道为了更多的孩子,我仍需加倍努力！

借"思政"之力助院所发展

近年来,西宁市保育院认真学习领悟习近平总书记中国特色社会主义理论,深入学习、贯彻落实习近平总书记在学校思政课教师座谈会上的讲话精神,深刻思考"解决好培养什么人、怎样培养人、为谁培养人这个根本问题"。结合院所发展实际,以"思政"为本,以"引领"为径,以"融合"为果,采用"思想融合、教育融合、思政融合、家园融合,党建引领、红色引领、师德引领"的"四融合三引领"模式,有效推动院所可持续发展。

一、思想融合,营造和谐稳定的院所文化

以"忆过去思未来""画蓝图指方向""同甘苦共欢乐"三个篇章为主题,开展"三八国际妇女节"系列活动、庆"七一"徒步活动、庆"十一"文艺展演、拔河比赛、元旦联欢会等丰富多彩、主题鲜明、凝心聚力的活动,全院上下思想统一,共融共振,团结奋进,形成了和谐稳定的院所文化。教育融合,注重中华文化传承发扬。以市级课题"中华优秀传统节日与幼儿教育融合的探究"为抓手,结合"我们的节

日"教育,打造了"保育院里逛庙会"特色品牌活动。开设《成语故事里的中国历史》幼儿德育拓展课程;结合市级课题"幼儿园德育+思政工作探索"的研究,将德育课程与思政教育有机融合,展现出中华传统文化在学前教育中共融共促的独特教育魅力,真正达到"立德树人""幼有所育"的目标。思政融合,提升新任教师的政治素养。为了加强14名新入职教职工的思想政治教育,提高政治站位,坚定理想信念,选聘6位思想观念正、政治觉悟高的同志担任"思政导师"。将"思政导师"与"青蓝工程"有效融合,抓实、抓细青年教师思想道德教育和业务技能,有效推进青年教师思政融合发展。家园融合,倡导亲子阅读滋养心灵。有效推进"家委会""家长学校"家园共育的融合度,定期召开会议,传播幼儿科教理论和家园共育手段。递进式开展"亲子共读好时光"活动,评选书香宝贝和书香家庭、故事大王。让"阅读"成为"悦读",让幼儿沐浴"书香"成长,让书籍浸润幼儿心灵,促使家园步调合一和谐发展。党建引领,带动全体职工红心向党。充分发挥党总支政治堡垒作用,坚持政治思想教育不松懈、优秀教师培养不断层。近年来,已培养2名校级后备干部,4名中层后备干部,4名教职工入党,5名教师递交了入党申请书,不断充盈后备主力军。红色引领,教育全体幼儿童心向党。始终牢记保育院红色传统,利用每天清晨"我向国旗敬礼"活动进行爱祖国教育,"宝妈宝爸故事团"红色故事录播,结合"壮丽70年,祖国在我心中"等主题教育活动,师幼高唱红色歌曲、诵读红色诗歌、讲述红色故事,将爱党、爱国教育植根于幼儿心中,使幼儿童心向党。师德引领,带领广大教师一心育苗。开展"师德标兵""服务标兵""我心目中的好老师"评选活动,树典型、学先进,引导教育教职工"一心爱幼儿""一心为幼儿""一心服务幼儿"。深受师幼好评的王丽老师被授予西宁市"四有好老师"称号。

国势之强由于人,人才之成出于学。学前教育是"根"的教育,为孩子系好人生第一粒纽扣将是我们学前教育人义不容辞的重任。我们将立足当前、着眼未来,再接再厉共融共谱市保育院可持续发展的最美音符!

二、"区域联动",助力科学衔接

今年学前教育宣传月以"科学做好入学准备"为主题。旨在引导广大教师和家长树立科学理念,尊重幼儿发展规律和学习特点,关注幼儿身心全面发展,将入学准备教育贯穿幼儿园教育的全过程,为幼儿今后的学校生活做好准备,为其终身发展奠定良好的基础。目的清晰,意义深远。

幼小衔接是整个教育阶段的第一个衔接点,它连接着幼儿园教育后期和小学教育两个不同的教育阶段,是教育的连续性和阶段性的统一。《3—6岁儿童学习与发展指南》中指出"以为幼儿后继学习和终身发展奠定良好素质基础为目标,以促进幼儿德智体美劳各方面的协调发展为核心,……让幼儿度过快乐而有意义的童年",表达了"育人为本"的价值诉求。但一些家长受"不要让孩子输在起跑线上"等错误观念影响,部分幼儿教师、小学教师对于幼小衔接的错误认识,导致目前幼小衔接工作仍存在不少超前和滞后衔接的问题。笔者本人也在市级园所评定工作中,发现了不少幼儿园的"小学化倾向"问题。

2015年12月,我院大班教研组开展了"幼小衔接策略"园本课题研究,曾做过以下五项内容的家长问卷:①入学后,你最担心的问题? ②就幼小衔接来说,您认为幼儿园教学应包括哪些教学内容? ③您的孩子对幼儿园老师布置的任务完成与否? ④您是否带幼儿熟悉过小学的教室或操场? ⑤您为孩子的入学做了哪些准备工作? 从调查问卷综合比例来看,是否有良好的学习习惯是家长们最担心的问题,也认为幼儿园该进行重点培养这方面的习惯,分别占90%,95%,而只有5%的家长为孩子的入学做准备工作,也就是说,只有一名家长为孩子入学的学习兴趣培养做着准备,而95%的家长认为这是幼儿园要做的,家长不做此项准备工作。85%的家长关注到了孩子专注力的培养,但没有家长对幼儿专注力培养做准备,分别有50%的家长认为幼儿园该教育拼音、加减法,30%的家长要求幼儿园教汉字书写,大部分家长要求幼儿园对孩子做知识性教学。调查问卷反映出家长对幼小衔接的认识误区,最大的问题"重视知识,忽视习惯"或者是关注到习惯培养却不会(没有)对此做准备工作,把这项工作完全推给了幼儿园,认为幼儿园该教学拼音写汉字,而这恰恰是违背幼儿身心发展规律的。

怎样才能切实扭转一些家长过度强调知识准备的认识偏差,坚决抵制和摈弃提前学习小学课程和教育内容的错误倾向,培养"自主、自立、自信"的快乐儿童,我院在做了深度思考之后,在2015年,确立了以混龄儿童"区域联动"活动为办园特色,开展了国家级课题"混龄儿童区域活动问题和策略研究",从理论上讲,"区域联动"旨在关注幼儿身心健康、学习品质及社会性发展等关键素质,注重锻炼幼儿健康的体魄,养成良好的生活习惯和自立能力,激发幼儿学习兴趣,培养勤学好问,认真专注的学习习惯,建立初步的任务意识和规则意识,形成诚实守信,团结友爱、互助合作等道德品质,以打好幼儿到小学生活的坚实基础。实际操作中,我们的目标是通过区域联动,提升幼儿的自我控制能力、自我管理能力、探究能力、人际交往能力、语言表达能力,培养幼儿的任务意识、社会适应能力、运动协调能力等。

通过四年多的努力，"区域联动"已在保育院内化于心、外化于行。"区域联动"培养了幼儿自主、自立的意识和能力，为他们顺利进入小学阶段做好了"科学衔接"。我们的小朋友从小班起就能有计划地自主选择自己喜欢的区域去游戏、参与、交往等，根据自己的能力完成相应水平的学习任务。我们的老师已从思想上、行动上彻底感受到"区域联动"为自己工作带来的便利。现在我们保育院的小朋友，不管是新入院的小班幼儿，还是已毕业的大班幼儿，都能够自主选择区域，都知道每个区的功能，都掌握进区规则，不仅如此，孩子们还乐在其中。

2019年6月，为了解办园特色达到的实效，我们又在家长中做了同样的问卷调查，调查结果令人欣喜。与2015年相比，变化最大的是：您为孩子的入学做了哪些准备：心理准备：2015年20%，2019年75%。日常行为准备：2015年10%，2019年86%。学习习惯：2015年5%，2019年75%。无任何准备：2015年20%，2019年4%。从调查问卷的比例来看，我院近年来幼小衔接工作开展行之有效。日常行为教学和听的游戏、说的游戏、画的游戏，92%的家长对此是认可并赞成的，也认为孩子有进步。转变最大的是家长们的理念，从注重知识准备向注重心理准备转变，从知识准备向行为准备转变，从很少有准备到大部分都有准备，虽然家长可能对我们实施幼小衔接的具体内容、名称不是很了解，但从具体做法上却看到了孩子的进步。

根本上讲，做好幼小衔接最重要的就是两件事：习惯的培养、能力的培养，不是"说"可以解决的，是要"做"和"怎么做"。而所有的"做"是"做游戏"，以幼儿园"游戏"的方式进行，符合《幼儿园教育指导纲要》和《3—6岁儿童学习与发展指南》。

下面，我用三个真实案例来说明我们取得的成效。

大班小杰小朋友，是个永远闲不住的小男孩，爱读书，知识面广，但调皮捣蛋，不会与人交往，缺乏规则意识。可是他喜欢思考，喜欢探索，他最喜欢去科学区了，因为有他最喜欢的玩具，还有他喜欢的王丽老师。在科学区，他总是很安静，因为他的大脑一直处于思考状态，他用沙子模拟大树会不会被洪水冲垮的实验，和王老师一起探究大树怎样才能巍然不倒；他会用科学仪器研究灯泡为什么会亮？不亮了到底是什么原因，等等。在老师的引导下，他不断进步，不仅学到了丰富的科学知识，还学会带着中小班的弟弟妹妹一起玩。在区域里，他学会了与人分享，与人合作，与人交流，与人讨论，矫正了不少他身上的小毛病，他变得越来越可爱,越来越像一个大孩子,我们相信,进入小学的他,一定是一个讲规则、懂礼貌,乐于助人、善于思考的优秀小学生。

中班的小毅小朋友,在比拟世界的小超市玩得不亦乐乎,他善思考、反应快,但因家长溺爱,该幼儿脾气大,团结、合作意识差。为了发挥他的长处,矫正他的不足,我们引导他来小超市担任收银员,他时而看价目表,用收款机算账,时而边算边说,收多少,找多少,分毫不差。由于收银员的工作,必须要有服务意识,起初为了算账,他总和其他小朋友争吵,在老师的适时干预引导下,他开始改变自己,每次活动,他会认真整理物品,耐心解答顾客问题,仔细算账,很少出错,在这个区域,他学会了多种能力,如:自控能力、人际交往能力、语言表达能力、数学运算能力等,既改正了自身的缺点,还培养了他的综合素质,更为他小学阶段数学课的学习打下了坚实的基础。

小班的涵涵小朋友,内向、胆怯,不善于与人交流,不愿意表达自己的意见,各方面发展比较缓慢。起初,她被动参与"区域联动",之后她越来越喜欢去阅读区,因为在那里,有她喜欢的各类图书,也有适宜她心理发展的温馨环境。她也变得越来越开朗,她在室内运动区克服胆怯,发展运动协调能力,在阅读区,老师注重她的倾听能力和语言表达能力的培养,她学会了讲故事给大家听,变成了"小小故事王"。建构区里,她积极与其他小朋友合作,搭建她们共同喜欢的建筑,在益智区,她和其他小朋友一起交流合作完成有一定难度的拼插作品,培养了自信,综合能力得到了培养。两年后的她,一定是一名优秀的小学生。

"区域联动",培养能力,科学衔接,助力起飞,这是我们的目标也是我们的起点,"区域联动"带给老师的是理念的更新,素质的提升,受益的这些孩子们,快乐、自信、健康!

试论加强学生的诚信教育

摘要:诚信是中华民族的传统美德,加强学生诚信教育意义深远。学校是诚信教育的主阵地,教师是诚信的典范,课堂是诚信教育的主渠道。诚信教育是家庭、学校、社会的共同的责任和义务。

关键词:诚信;诚信教育;活动育诚;环境育诚;教书育诚;合作育诚。

诚信是中华民族的传统美德,也是现代文明的基石与标志。诚信即"诚实守信"，我国古代伟大的教育家孔子说过："人而无信，不知其可也。"儒家思想家们还非常重视诚信的社会作用，视诚信为"敬德修业之本""立政之本"和"利人之道"。晋朝傅玄也认为"祸莫大于无信"。其实这些仅仅是前人注重信用道德的一种折射，而"曾子杀猪取信""司马光诚对买马人"等妇孺皆知、长久流传的故事更让人感悟不已，诚信之美德曾感染过一代又一代的中国人。

近年来，诚信已成为当今中国社会一种正在流失的资源。由于社会发展进程中的物质文明、精神文明和政治文明发展的不均衡，导致社会上诚信危机的出现。青年学生耳濡目染种种不诚信的现象，给尚未形成正确人生观、价值观、世界观的他们造成了严重影响。加强中学生的诚信教育已到了刻不容缓的地步。

新课标的基础任务之一就是培养学生的人文精神，诚信是人文精神中极其重要的方面。中共中央《公民道德建设实施纲要》明确每个公民应该遵守的基本道德规范是——"爱国守法、明礼诚信、团结友善、勤俭自强、敬业奉献"，其中诚信占了重要的地位。中共中央国务院颁布的《关于进一步加强和改进未成年人思想道德建设的若干意见》中，则突出强调了对未成年人加强诚信教育的重要性和必要性；教育部还下发了《关于进一步加强中小学诚信教育的通知》，对中小学诚信教育做了具体的要求，凸显了中小学进行诚信教育的紧迫性。胡锦涛同志关于树立社会主义荣辱观的讲话中也提到"以诚实守信为荣，以见利忘义为耻"。因此，我们认为对青年学生进行诚信教育是国家与民族存亡的大事，是关系到国运昌盛的要务，作为学校在新课标下加强学生的诚信教育显得尤为重要。学校和教师要建立信心，从现在抓起，从点滴抓起，从小事抓起，从事例入手，采取各种方法，持之以恒，将诚信教育贯穿于教育工作的全过程。学校在对青少年进行诚信教育时，可从以下几个方面入手：

教师首先要成为诚信的典范。我国先秦著名思想家、教育家荀子曾讲："耆艾而信，可以为师。"教师首先必须是诚信的典范，教师的工作以"育人"为本，而育人之本就是诚信。常说"为人师表"，这不只是赞扬老师，更是给教师的一种责任，是关系到能否培养国家优秀人才的责任。教育家加里宁说过"教师，一方面应当是学识渊博的人，另一方面应当是诚实的人"。教师要让学生讲诚信，教师必须是诚信的典范，要做到以诚育人，以诚待人，以诚服人，教师的一言一行要处处讲究"诚信"，做到"言必行，行必果"，以高尚的人格影响学生、感染学生，做好诚信的楷模和表率。教师应当是诚信的使者，处处播撒诚信的种子。

寓教于乐，寓诚信教育于活动之中。学生的天性就是喜欢玩喜欢活动。如果把活动与诚信教育结合起来寓教于乐,诚信教育的效果就会大大提高。学校要以灵活多样的方法,丰富多彩的形式为载体,让诚信活动充满校园,如:观看优秀电视片,听先进人物的报告会,举办以诚信为主题的演讲比赛、故事会、主题辩论会、社会调查、道德法庭、公益活动,编排诚信内容的文艺节目等。其实诚信教育活动的时机无处不在,用敏锐的观察力及时捕捉教育时机,开展诚信教育,就一定能收到较好的效果。

创设诚信环境,做到环境育诚。人为的物质环境与精神环境的影响对青少年身心发展起着决定作用。学生只有身处良好的生活学习环境与和谐的人际关系环境中,才能形成良好的品质。学校是学生最经常、最主要的生活学习环境。因此,加强校园道德氛围建设,优化诚信环境,引导学生积极参与诚信教育活动,使学生思想上受到启迪,情操上得以陶冶,诚信品质得到升华。班级诚信环境的创设很重要,这涉及两方面,一方面教室有宣传诚信的阵地,如:组织学生观看全国道德模范颁奖晚会;张贴有关诚信的名人名言,宣传诚信美德的故事;另一方面在班级中培养浓厚的诚信之风,如:评选班级诚信美德少年;针对学生中"考试作弊""作业抄袭""说谎话"等现象,以辩论会的形式,开展诚信教育活动,并在班级中开展"诚信考试""诚信作业"等活动,让学生在潜移默化中接受教育,自觉培养诚实守信的美德。

在教学活动中,渗透诚信教育,做到教书育诚。课堂是教育实践的主要场所,也是师生面对面交流的主要渠道。学生的思想动态在教与学的过程中表现得最多,在学科教学中要善于抓住时机充分挖掘教材的思想性,结合教学环境培养诚信品质,结合学生特点,把诚信教育有机渗透到教育教学活动之中,教师要凭自身的人格魅力、学识魄力,借鲜活教材之力,让诚信教育入脑、入心,让诚实守信成为学生的自觉行动。从而实现教书和育诚的统一,最终完成教书育人的终极目标。

多方合作,家庭、学校、社会共同育诚。诚信这一美德的弘扬以及对年轻一代的诚信教育是一项复杂的系统工程。仅靠学校的力量是远远不够的,需要全社会的共同努力。学校要积极创造条件,让学生走向社会、参加社会公益活动、军事训练、科技发明等社会实践活动。通过这些活动,培养学生热爱劳动的习惯和实践第一的观念,在活动中培养学生的诚信品质。组织学生走上街头,走进社区,使他们的身心在活动中得到陶冶,同时培养诚信意识、责任意识。同时教师还要教育学生在家做一个诚信的好孩子,在校做一个诚信的好学生,在社会做一名诚信的好公民。

诚信，是中华民族的传统美德。诚信是立身之本，是我们受用终身的人生名片。今天它像一股清泉，滋养社会，它又像一缕清风，拂过田野，吹开人们的心扉，让我们对人守信，对事负责，做诚实的人，让我们共铸诚信，把诚信播撒到社会的每个角落，扎根在我们生活的沃土之中。

幼儿园语言教育的方式与策略探究

摘要：在幼儿成长过程当中，语言教育是不可或缺的内容，对幼儿未来的成长之路有着十分重要的影响。因此，在幼儿园阶段幼儿的语言体系初步形成的过程中，必须要注重语言教育的方式和教育模式。基于此，文章首先阐述了幼儿园教育的重要性，再从营造语言环境、培养语言艺术，激发阅读兴趣，健全评价手段、激发语言兴趣五个方面简析幼儿园语言教育的教学策略，最后阐述幼儿园语言教育在听、说、读、写方面的注意事项，以供相关人士参考。

关键词：幼儿园；语言教育；策略

国内外相关研究表明：3—6岁的幼儿期是人的大脑发展的黄金时期，也是幼儿语言发展的关键时期。这里讲的语言是广义的语言范围，包括语音、词汇、语法以及语言交际的能力等。因此，在幼儿语言发展的这一黄金阶段，教师要对幼儿的语言发展进行全面的、足够的指导，恰当地刺激幼儿的语言兴趣，帮助幼儿的语言能力得到较大的进步。

一、为幼儿营造真实的语言环境

语言能力并非是人天生的能力，其主要是在人类后天学习过程中形成，因此，良好语言环境的营造在幼儿语言学习中具有重要作用，教师在开展语言教学的活动中，首先为幼儿营造一个自由的语言环境，让幼儿能够在课堂上畅所欲言，把自己想要表达的想法以及想说的话尽情地表达出来，以突出幼儿在课堂教学之中的主体地位；其后，营造良好的语言环境，以便更好地帮助幼儿学习语言词汇，丰富幼儿的思想情感；最后，为幼儿营造真实的语言环境，教学中所举的例子需要切合幼儿实际，以便于加深幼儿对于语境和思想感情的理解。

二、教学内容要贴近生活

幼儿教师在教学内容的选择上,应从幼儿的角度出发,根据幼儿的性格特点以及幼儿的实际生活情况,选择符合幼儿兴趣的语言教育素材。另外,教师在教学中还应选择合适的提问方式,提一些和教学相关又贴近幼儿生活的有启发性的问题。激发幼儿的主动思考能力。例如,教师在为幼儿讲述《我的变化》这一语言教育内容时,教师讲述教学内容后,可以提问幼儿:"在幼儿园成长的变化。"让幼儿回忆思考,发现自己在幼儿园成长中的变化。然后,教师启发幼儿思考和理解长大的含义,让幼儿感受自身的变化,并和其他幼儿沟通、交流,增强自己的自信。另外,教师可以为幼儿设置思考话题:"你长大之后准备干什么?"在幼儿回答之后,教师可以向幼儿讲述:"老师像你们这么大的时候,就想当一名教师,然后经过自己的努力,现在真的成为一名教师了,那小朋友们,你们长大以后准备干什么呢?"通过自身的经历,引导幼儿,使幼儿从小树立远大的理想,并为之努力。

三、培养语言艺术

由于幼儿园的幼儿在语言教育当中尚未接受系统全面的锻炼,会受到家庭、社会、学校的影响,幼儿在语言表达的用词中,常常会出现用词不妥当、语言表达不连贯等现象,这就要求幼儿园教师要着重研究培养幼儿语言表达上的艺术,教师在实际教学过程中,应当根据不同幼儿的性格特征,因材施教,循循善诱,运用较为通俗易懂且常见的词汇来影响幼儿,在这其中,幼儿园教师必须注重在词汇运用上的方式,除此之外,由于幼儿的语言教育和语言表达与其社交能力息息相关,幼儿园教师在实际的教学过程当中必须将语言教育的方法渗入学习的各个方面中,以此来丰富幼儿的语言表达经验。这不仅能培养幼儿敢于表达自己的想法,更能促进幼儿有效地表达自己的想法,使幼儿从"敢说"转变为"会说",在教学过程当中,教师可以结合信息多媒体技术等教学工具,用小视频或图文并茂的形式来展现相关的教学内容,以此来帮助幼儿加深记忆。此外,在教学过程当中,幼儿园教师应当针对幼儿的性格差异,观察幼儿在课堂中的接受能力,适当地控制教师自身的语言表达速度,保证幼儿对所讲授的内容能够听清,教师自身的发音也会对幼儿的语言表达产生直接的影响。因此,幼儿园教师在说话的艺术上,必须重视自我的语言表达能力。

四、发展"语育"能力应渗透到各种活动之中

幼儿的语言学习仅靠语言课及相应的语言活动还远远不够,必须将幼儿的语言训练渗透到各种活动之中。

1.在音乐课的活动中渗透。音乐是陶冶情操的一种艺术,生活中处处有音乐,凭借幼儿对音乐的兴趣,可在大班音乐活动中适当加入听音乐、学语言的内容。这种活动应在幼儿充分感受音乐,理解、体验音乐的基础上进行。如:可让孩子欣赏一段优美动听的音乐后,对孩子进行提问。通过提问和回答,不仅能提高幼儿对音乐的理解能力和欣赏能力,更能使幼儿根据不同的音乐性质用相应的语言来表达。

2.在美术活动中渗透,幼儿的世界到处充满着美的色彩,他们爱画、爱玩、爱制作,教师可在美工活动中,抓住幼儿这一特点,让幼儿对自己画的画进行讲述。如:在孩子画完一幅画后,请孩子把画面内容讲出来。这样,在轻松愉快的气氛中,既培养了幼儿的绘画能力,又发展了幼儿的口语表达能力。

3.在计算活动中渗透。在上计算课时,可采用游戏的形式。让幼儿在玩玩说说中学会计算知识。

4.在体育活动中渗透,在体育活动中幼儿的活动量比较大,兴趣很高,可在体育活动中通过做游戏,让幼儿在玩玩闹闹中自然地提高语言表达能力。

幼儿园时期的语言教育活动将会对幼儿产生深远的影响,幼儿教育不应止步于幼儿园,也不应止步于家庭教育,幼儿的语言教育也同样如此,只有通过家庭与幼儿园的双向配合,父母才能了解孩子在幼儿园的学习情况,幼儿教师也才能根据孩子的家庭情况做出合适的教学调整,孩子的语言能力才能正常地发展。孩子的健康成长既是家长所愿,也是幼儿教育工作者所愿,幼儿教育工作者还应该基于已有的研究成果和真实情况,给幼儿教育活动以更多的指导,为孩子健康发展持续努力。

学前教育中幼儿道德习惯的培养策略探讨

摘要:良好的品德是一个人立足社会的通行证,对于3—6岁幼儿的品德行为的养成,就要让孩子们从点滴小事做起,使他们在生活中磨炼意志,提高自我控制、自我调节、自我转化的能力,从而养成良好的道德习惯,形成稳定的道德品质。

关键词:品德教育;误区;学前教育;方法

目前,随着经济体制改革的深入,人们在利益的驱动下,拜金主义越来越严重,奉献精神和集体主义精神淡薄了。犯罪行为越来越多,特别是青少年犯罪的比例明显呈上升趋势,且逐渐偏向低龄化。在幼儿的教育中,部分家长只重视幼儿的智力培养,忽视了幼儿品德素质的养成,家长对孩子的教育或多或少走进了一定的误区,幼儿期是影响和塑造一个人性格的重要时期,培养幼儿形成良好品德是提高全民族素质的重要一环,面对家长教育孩子的错误方法,在幼儿良好品德的教育中,应该做到以下几点:

一、充分认识幼儿品德教育的重要性

幼儿是祖国、是社会主义事业的未来。幼儿心理学研究表明,幼儿期不仅仅是智力潜能开发的重要阶段,同时也是塑造幼儿良好道德习惯的重要时期。著名的教育家陶行知先生曾指出,"六岁以前是人格陶冶最重要的时期"。在幼儿的成长过程中,要允许幼儿犯错,幼儿是在一次次的犯错中成熟成长的。家长和教师在纠正幼儿犯错的过程中,要把握好尺度,要讲究方式方法。家长在孩子做了错事以后不能采取打骂的粗暴态度,也不能采取不闻不问的态度。比如:在孩子把幼儿园的玩具悄悄地带回家以后,当教师和家长发现以后,千万不能责骂孩子,一定要采取正面教育的方式来教育孩子。首先可以问孩子:"为什么要把幼儿园的玩具带回家?"可以给幼儿讲道理,要让幼儿知道,乱拿别人的东西是不对的,然后鼓励幼儿把拿回家的玩具送回到幼儿园里,最后针对幼儿送回玩具的做法给予表扬奖励。在生活当中,这也许是幼儿犯的一个小错误,但是如果家长采取不闻不问的态度,像这样发展下去,将会变成一个大错误。因此,家长和教师一定要重视幼儿的品德教育。

二、幼儿良好品德教育的方法

(一)加强幼儿家长爱的认知

古人曾说过:养不教,父之过,教不严,师之惰。可见教育孩子是多么重大的一件事情,在孩子的教育中,家长参与教育才是最重要的,教育是爱的共鸣,是心与心的呼应。作为一名学前教育教师,要求自己用心关照孩子们的同时,亦要积极地与孩子们的家长沟通,在日常教育中与家长达成一致的见解,从而更有效地培养孩子们的人生观和价值观。而作为家长,在爱的认知上更应该深刻地去学习,用爱教育孩子的每一步成长,从幼儿园开始,要注重品德教育的意义,幼儿园是最好的大课堂,适时地组织亲子活动,让家长亲自参与到孩子品德教育中,用爱堆砌起保护孩子的城墙,把爱作为一种行动体验,提升家长的角色参与,用这种信任的爱意,强化家长爱的认知,形成家庭—幼儿园—家庭的积极互动。

(二)榜样作用

幼儿年龄小,模仿能力强,但分辨是非的能力较差,针对这个特点,成人在幼儿面前要言行一致,首先要做好榜样示范作用。如果发现幼儿模仿了不好的行为就要及时纠正。如:男孩子最崇拜自己的爸爸,看到爸爸抽烟的样子,孩子会觉得很好玩,趁大人不注意时会拿一支烟放在嘴里;女孩子最喜欢漂亮,看到自己的妈妈或老师在嘴唇上擦了有色的唇膏,孩子也会拿妈妈的口红涂在嘴唇上等。面对着孩子天真好模仿的天性,成人在天真无邪的孩子面前定要约束自己的行为,要做好榜样,不求最好,但求更好。

三、借助集体活动促进幼儿身心健康

在幼儿体育游戏过程中,借助于相应的教学活动,在活动过程中能够得到快乐,通过集体活动,能够让学生积极参与竞争。在活动中合作,从而让学生的体质可以得到增强,促进幼儿身心的全面发展。

在幼儿教学过程中,不管创设什么样的集体活动,始终要让孩子成为活动的主体,孩子们有什么样的想法都可以说出来进行讨论。教师在集体活动中只能作为活动的引导者,不能将自己的想法强加在孩子身上。由于我们成年人的思维方式较为固定,并且都显得比较传统,而孩子的思维比较活跃,超出常规,并且思维独特。教师借助于集体活动,促进幼儿的身心健康,同时要最大程度保持学生的个性。

四、培养学生的善感

为了培养幼儿们良好的道德习惯,就要对学生的"善感"进行充分的培养。"善感"指的是容易动情,容易被感动。从大量的研究中可得知,很多有艺术气质的人,普遍都有非常丰富的情感,不管是看到什么,或者遇到什么,他的情感都会产生很大的波动,或者很容易将自己的情感转移到事物上,形成独特的情感。最为有名的诗句"感时花溅泪,恨别鸟惊心"。就充分说明了这种善感,这方面其实小朋友有着独特的天赋,在他们的眼中,世间万物都是有着生命的。天空、河流、山峰、太阳、月亮、花花草草、书、笔、本子,等等。因此他们在观看这些事物的时候,都会融入相应的情感。教师在面对学生这些独特情感的时候,就不能做得太冷静,要用自己的激情去引导孩子的感情,从而用自己高尚而美好的情感去感动这些孩子。

同时,善感还可以说是比较敏感,那些有艺术感觉的人,对美有着非常强的感受力,对于那些平常的事物、平凡的事物,他们都能从中感受到独特的美,要形成独特的感受,就要依靠人的感官进行,因此教师要充分训练孩子们的感官。比如,在美术课上最为重要的感官培养就表现在视觉的培养上,要引导学生对客观事物进行充分的观察、对结构进行了解。此外,还要充分培养孩子的视觉、触觉、嗅觉、听觉,等等。在训练过程中教师要充分引导学生对客观事物进行查、看、听、摸,等等,并且说出己的感觉来,最好的训练方式是通过画面的方式将自己的感觉表达出来。通过这样的训练,就会让自己的感觉得以强化,从而形成更为细腻和敏锐的感受能力。

总之,教育不仅仅是教孩子一些知识,训练一下他们的技能,重要的是为了育人,幼儿教学的重点应该在培养孩子的道德习惯上,这样才能造就全面发展的高素质的现代新人。

幼儿园家园合作现状调查研究

家园,亦指家庭和幼儿园。合作一词在中国《现代汉语词典》中的含义是:"为了共同的目的一起工作或彼此之间相互配合共同完成某项任务。"双方达成合作必须具备以下三个条件:一是要有一致的目标;二是有统一的认识和规范;三是相互信赖的合作气氛。马忠虎认为,家校合作是把影响学生的两个重要场所,家庭和学校结合起来,双方相互配合、支持,共同促进学生的发展。学校在教育学生的过程中得到父母的支持,同时,家长在抚养子女的过程中得到学校专业教师的指导。这种观点平衡了家庭和学校在教育中的地位和作用。因此,家园合作是指幼儿园与家庭都把自己当作促进幼儿发展的主体,双方积极主动地相互理解、尊重,达成教育共识,共同促进儿童健康成长的一种双向互动活动。

一、幼儿园家园合作现状调查

本研究笔者选取了青海某县域幼儿园作为研究对象,为了更好地了解该幼儿园家园合作现状,调查问卷内容主要从家园合作态度、家园合作程度、家园合作频度、家园合作形式与内容、家园合作满意度以及幼儿园关于开展家园合作的辅导与培训情况等几个角度进行调查。

（一）家长与教师参与家园合作的态度

态度决定一切，家长和教师对家园合作的认识，会对幼儿园家园合作的实践及其效果产生深远的影响，孩子从家庭进入幼儿园中，教师随之加入了教育孩子的行列。家庭和幼儿园两股力量做到彼此配合，才能有效实现幼儿全面、和谐发展的统一目标。因此，为了促进幼儿认知、情感与社会性的全面发展，家长和教师都应对家校合作这一模式明确自己的态度，做到高效合作。调研发现，绝大多数教师对参与家园合作的态度是积极的，60%的教师认为家园合作对幼儿的良好发展是至关重要的，18%的家长对参与家园合作的态度是非常积极的，62%的家长态度积极，20%的家长持不积极态度。同时调研发现，有29%的家长认为家园合作非常重要，42%的认为重要，持一般态度的占29%。可见，大部分幼儿教师和家长对家园合作有积极的态度，希望幼儿园和家庭能够携手共同促进幼儿的发展。但是，仍有部分的家长和教师认为家园合作可有可无，对参与家园合作的态度也不积极，这在一定程度上说明了家长和教师对家园合作的重要性认识不够，如果家长和教师不积极参与，又怎么能满足幼儿发展的需要。

（二）幼儿园与家庭的角色定位

在家庭中，家长是幼儿的唯一监护人，负责幼儿的衣食住行，同时有的家长会利用生活中的事物来发展幼儿的各种感官。入园后，家长依旧是幼儿的直接监护人，与此同时，教师一同与家长肩负起了教育幼儿的任务，但二者与幼儿的关系又有着本质的区别，使得教师和家长在教育幼儿的问题上各自对自身角色定位存在明显差异。调研发现，44%的家长认为幼儿教育是以幼儿园教育为主，家庭教育为辅；37%的家长则认为幼儿教育是以家庭教育引导为主，幼儿园教育为辅；其中幼儿教育是幼儿园与家庭共同协作，没有主次之分只占到了19%。在教师方面，教师认为幼儿教育是以幼儿园教育为主，家庭教育为辅和幼儿园与家庭共同协作，没有主次之分各占40%。幼儿教育是以家庭教育引导为主，幼儿园教育为辅占20%。可见，部分家长和教师双方对幼儿教育的理解仍停留在原来的理解阶段。

（三）家长与教师交谈的次数

口头交流是教师与家长沟通合作、相互了解的一种主要形式，它能及时得到对方的回馈信息，且有助于增进教师与家长间的情感交流。调研发现，家长每学期主动与教师交流1—3次的占67.1%,其次是4—6次的占15%,随后7—10次的占到5.5%,10次以上的占1.44%,有10.96%的家长表示从未与教师主动交流。教师与家长沟通主动1—3次及以上的比例占到93.3%,可见,在家园合作中教师与家长主动沟通交流的频率高、次数多,幼儿园教师已将与家长的沟通交流列为日常工作内容之一。

(四)家园合作中的辅导与培训

开展家园合作培训工作可以让更多教师之间相互交流与研讨,拓宽学习视野,及时更新教育理念。幼儿园对家长进行相关培训,使家长进一步认识到家园合作的重要性,配合教师肩负起教育幼儿的任务。调研发现,幼儿园对教师开展培训工作的比例远高于对家长辅导培训的比例,60.27%的家长提出未曾举办过家园合作辅导培训。可见,幼儿园的辅导培训涉及人员不够广泛,只是针对教师较小规模的举办。

(五)家园合作形式

家园合作形式丰富多样,随着社会信息渠道的多元化,在家园合作中应采取系统的、多方位的交流形式来促进家园合作的进行。调研发现,幼儿园所开展的家园合作形式中,电话、短信、微信、QQ、上下学时沟通和开家长会的形式使用比例最高,而家长开放日亲子活动的开展比重较小,家长与教师均倾向于选择便利的合作形式。产生这种现象的原因可能是:可以保证工作效率,避免重复工作,表示部分家长比较偏爱于个别的交流形式。

(六)家长及教师对家园合作满意度

一个长期、良好的家园合作关系,是幼儿园与家庭协调一致对幼儿进行教育的保障。调研发现,有93%的教师对目前幼儿园开展的各项家园合作活动表示基本满意,只有7%的教师持不满意态度。在家长方面,78%的家长对合作效果表示基本满意,整体而言,家长和教师对当前家园合作工作是比较满意和认可的。

二、幼儿园家园合作存在的问题与分析

(一)家园合作要求不一致,缺乏计划性

通过调查发现,教师与家长在家园合作内容中,除极为关注幼儿的身体健康外,家长更关注的是幼儿的学习方面,而教师倾向于关注幼儿的思想品德,注重培养幼儿的内隐行为。家长和教师由于出发点的不同,导致他们的关注点不同,

最终对家园合作要求不一致。家园合作内容涉及范围窄,幼儿教育应包括德、智、体、美各方面,而该园仅仅包括身体健康、知识学习、思想品德三方面,忽略了其他方面的教育,不利于幼儿全面和谐发展。在观察中发现,该园在家园活动开展中,未让幼儿参与其中,而是由教师带领家长单方面完成活动内容,这在无意中会挫伤教师和家长参与家园合作的积极性。另外,因幼儿园缺乏合理的统筹规划,导致家长在参与家园工作时成为"旁观者",不明确自己做什么导致最终放弃,教师将其视为家长推脱和不愿意配合教师工作的理由。

当前社会,家长受应试教育的影响,为了不让自己的孩子输在起跑线上,争相为幼儿选取各种教学资源。选择幼儿园就是其中之一,而唯一的标准是是否会教授给幼儿真正的知识,而教师因明确幼儿发展具有阶段性和关键期,则更为注重培养幼儿的品德、行为习惯等内容,希望孩子有一个快乐的童年。

(二)家园合作的形式陈旧、单一

由调查结果可知,幼儿园的家园合作形式虽然有七种之多,但是最常采用的依然是最简便的电话、短信、微信、QQ和上下学时的交流,虽然采用网络联系是跟随社会信息多元化的趋势,但这仅仅是停留在教师与家长之间,不利于家长之间相互交流与学习,同时也无法增进家长与孩子间的情感交流。

目前在家园活动开展中,部分家长以工作繁忙为由,经常会选择较为便利的方式参与家园合作,来了解幼儿的在园表现。随着幼儿园工作量的增加,教师也没有足够的时间与所有的家长进行沟通。另外,该县城幼儿园因受交通、地理位置因素的影响,造成当地教育资源有限,成本高。

(三)双方角色认知不清晰,职责不明确

平等是交流的前提,同样,教师与家长双方平等是开展家园合作的前提。调查中发现,33.3%的教师常以幼教专家身份自居,经常对家长各种教育。教师认为自己在教育幼儿方面更具有权威性,家长则需要根据自己的要求完成任务即可。40%的家长认为自己只是一名普通的家长,幼儿教育是以幼儿园教育为主,为幼儿提供良好的生活环境、负责接送才是自己的职责。由此看出,家长和教师对自己的角色认知存在偏差,不明确自己在幼儿成长过长中承担何种责任。

家长们普遍认同一种观念,教师在教育幼儿方面更具有权威性,教师的任何说法都是正确的,不愿对其提出任何疑义。有的家长还希望自己的孩子得到教师的特殊照顾,对教师更是一味听从。大部分的家长学历水平较低,对家园合作的内涵缺乏真正的理解,在参与家园合作活动时常常处于被动地位。

(四)保育员在家园互动中的作用不能得到充分发挥

目前各个幼儿园对于保育员或多或少有些忽视,忽视了保育员的特定价值和作用。有些家长和教师把保育员仅仅视为打扫卫生的保洁工,这在无形中会影响保育员对自己的合理定位。同时,在调查中了解到,只有极少部分的家长找保育教师了解幼儿的身体状况,其他人更多倾向于选择向主班和配班教师了解幼儿情况。保育员参与家园合作频率低,大多数时候仅是帮助教师在开展家园活动前布置场地,而在开展过程中,保育教师则忙于其他事务,常处于低层次的参与状态。

幼儿园管理者没有从本质上认识到保育教师的重要性,招聘保育教师准入门槛低,保育教师对自己的角色认知不清晰,幼儿园针对教师与家长开展关于幼儿保教结合的培训少,导致部分家长和教师对于现阶段幼儿园应达到保教合一的要求知之甚少,观念仍旧停留在保育员等同于保洁员上。

(五)少部分幼儿教师及家长对家园合作的重要性认识不足

通过调查发现,将近48%和66.7%的家长和教师都认为彼此之间是教育孩子的合作伙伴关系。对于幼儿的教育,需要幼儿园和家庭双方共同完成,同时也会积极参与家园合作活动。但仍有部分的家长和教师从不会主动相互交流有关幼儿的情况,没有做到有效的沟通与交流。对于家园合作缺乏深刻的理解和认识,幼儿教育不是家庭和幼儿园单独某一方就能胜任的,需双方配合才能完成,而现如今,有些家长认为把孩子送到幼儿园,自己就无须负责孩子的教育。有的家长认为,幼儿教育就是以幼儿园教育为主,家庭教育为辅,孩子送入幼儿园,教师要负责一切。教师明确了家长的教育观,也就不会积极主动地找家长沟通交流,只是单方面地向家长传达幼儿园的各项要求,致使家园工作表面化、形式化。且幼儿园管理层面对家园合作活动的指导培训工作没有足够的重视,家长和教师未能认识到良好的家园合作关系对幼儿健康成长的重要性。

三、提升幼儿园家园合作质量的策略

(一)拓宽家园合作内容,有计划、连贯地进行沟通合作

幼儿园应做到均衡各项家园合作内容,家园合作的内容不仅仅包括知识学习和身体健康这两个方面,要注意增加幼儿人际交往、兴趣爱好、思想品德内容的比重,让家园合作内容在各个方面都有所涉及。幼儿园应考虑将家园合作活动纳入幼儿园整体教学计划之中,设有专门的负责人,对家园合作活动进行规范

性的安排。另外,在内容安排上应注意做到阶梯形的设计,由易到难,使家长能够获得一套相对完整的家庭教育观念,掌握科学的教育方法,在教育内容上与教师达成共识。

(二)丰富家园合作形式

任何活动内容的呈现都需要依托形式,丰富多彩的合作形式可帮助家长亲自参与到幼儿园的各项活动中,了解教师的教育方法及技巧,能够帮助家长完善自己的教育方式。

成立家长委员会,使委员会成员帮助幼儿家长了解幼儿园的学期工作计划和教育要求,协助幼儿园的工作,及时反映家长对幼儿园工作的意见和建议,帮助幼儿园组织家长参加重大活动。创建幼儿园微信公众平台,是在微信公众平台可将幼儿园的动态,幼儿一日生活作息,重大活动通知等信息同步发出,让家长可以在第一时间了解到幼儿园的相关信息,努力配合教师完成工作。同时,将一些重大活动的幼儿剪影和精彩瞬间发布到公众平台上,让未参与到活动中的家长也能了解孩子的成长过程。设立家长开放日,家长走进幼儿园,可以直接看到幼儿在园的真实表现,也可以提供家长们互相接触的机会,彼此交流育儿经验。同时有利于家长了解幼儿教师辛苦工作的一天,能更加理解和支持教师的工作,进而建立和谐的家园关系。

(三)明确各自职责,增强双方信任意识

教师应转变过去将家长视为普通家长而不是教育孩子的合作伙伴的观念。教师应学会在平等的基础上与家长交流合作,让家长意识到自己与教师的地位平等,只有得到了教师的尊重与认可,家长才会主动地与教师进行沟通合作。教师与家长之间应保持经常性的联系,教师要随时关注、了解、教育幼儿,并与家长沟通家庭教育与环境对幼儿的影响,使家长树立主人翁意识和责任感,积极取得家长的信任。父母是幼儿的第一任老师,家长的一言一行都会是幼儿模仿的对象,因此,家长要以身作则,帮助孩子养成良好的行为习惯。同时,家长要更加积极热情地配合教师开展各项家园合作活动,明确这是自身的职责所在。

(四)正确看待保育教师,提高其地位

正确看待保育教师的工作性质,幼儿园应先从领导管理层面上正确理解保育员的工作性质,提高保育员地位,从而进一步引导幼儿园教师和家长改变以往旧观念,使保育教师得到其他教师与家长的尊重。另外,幼儿园管理者应在保育员的在职培训内容中增加有关家园合作活动的内容,有效提高保育教师参与家园合作的积极性,能够积极主动地参与幼儿园各项活动。

(五)提高幼儿教师与家长对家园合作重要性的认识

教师和家长应从根本上意识到,家园合作不是当孩子在身体健康、知识学习等方面出现问题才进行合作。家园合作应是长期的,只有这样,家园双方才能全面、系统、深入地了解幼儿,共同促进幼儿健康成长。

在教师方面,调查发现,园中的教师有大部分不是学前教育科班出身,所以对教师的在职和职后培训显得尤为重要,很多幼儿园的培训形式以统一培训为主,形式与内容比较单一。幼儿园要通过各种各样的培训形式和内容,转变教师对家园合作的态度,正确认识家园合作的内涵。家园合作应是幼儿园与家庭之间信息共享、资源共用的有效方式,教师不能以幼教专家自居,教育家长,而应充分与家长沟通,了解双方的教育理念差异,达成共识,一起实施,以此来促进家园合作的有效性。同时,教师要不断提升各项专业必备技能以及与家长的沟通能力,良好的沟通能力是做好一件事必不可少的条件之一,教师与家长沟通中应采取多元化策略,可根据家长的职业、文化程度、家庭背景等采取不同的沟通策略,实现良好的家园合作。在家长方面,现在家长普遍存在一种想法,孩子上了幼儿园就是幼儿园的事了,自己不用管,只需配合完成教师交代的任务即可。这种想法是不可取的,家庭教育是个体成长的奠基性教育,最基础的教育都是通过家庭,特别是通过父母来完成的。家园合作中的家长只有充分认识到自己的主体地位,积极参与到孩子的每日成长中,才能实现真正意义上的家园合作,因此,幼儿园要帮助家长提高对家园合作重要性的认识。通过给新入园幼儿的家长举办知识讲座,开展一系列教育活动,使家长和教师都能积极参与,进而帮助家长了解幼儿园教育的方式,使家长从思想上对家园合作、对幼儿教育引起重视。

民主管理科学施教

基础教育课程改革是一项复杂的系统工程,它将在教育领域引起一场深刻的变革,这场变革无疑对学校管理提出挑战,学校的管理思想、管理行为及管理模式都应当随之发生改变。

为了积极加强教师队伍建设,努力提高教师的政治素质、业务素质、心理素质和履行岗位职责的能力,正确对待和处理教学工作中存在的突出问题,帮助教师确立和谐教育的理念和掌握和谐教育的方法,推进和谐、民主、进取的和谐校园建设。2006年12月,西宁市教育局组织了一次学校教师心理健康现状及教师师德情况调查,分别对西宁一中、湟川中学、湟川中学第一分校、西宁四中、西宁七中、西宁十二中、西宁十四中、西宁虎台口学的205名教师及400名学生进行了抽样调查,调查以问卷形式进行,问卷主要涉及学校心理环境建设,正确价值观的构建,教师减负,教师培训、进修及教师心理咨询、教师师德等方面,具有较高的参考价值。

一、结果与分析

(一)总体情况

在这次调查中,集中反映出这样两个问题。

1.在学校日常管理中,学校管理者缺乏"民主、平等、尊重"意识。调查中37%的教师认为学校管理者缺乏民主意识;35%的教师认为学校管理者缺乏平等意识;20%的教师认为学校管理者缺乏尊重意识(以上均为多选答案)。

2.在教育教学过程中,教师对学生缺乏"爱心""耐心"。有近20%的学生认为教师有体罚、辱骂、驱赶学生等现象。

(二)总体情况分析

1.造成学校管理缺乏民主意识的原因。原因如下:旧的教师管理制度化、控制化;旧的管理权力集中化、方式教条化;旧的评价标准单一化、方法数据化;旧的教学思路封闭化、教研萎缩化,而新课程要求充满生命与活力的自动化教师管理。传统的学校对教师的管理推崇的是控制性管理,主要依靠组织职权、规章制度对教师实行强有力的控制。

二、讨论与建议

(一)确定以人为本的管理理念——强化服务意识

以人为本,就是以教师的成长、发展为本,尊重人的价值,开发人的潜能,满足教师的合理需求。只有管理者以教师为本,教师才能以学生为本,从而促进学校、教师、学生的整体发展。

新课程鼓励创新,与之相适应的学校管理应是"柔"性管理,应当是制度管理和人本管理相结合,弹性管理和刚性管理相结合,以激发人的积极性、创造性为主,以多样化评价、动态性评价为主,以激励为手段,追求的是多样化、丰富性和创造性。"以人为本"的人性化管理,其最大特点在于依靠民主意愿、个性张扬、权力平等激发人的内在潜力、主动性和创造精神,为教师实施新课程创造一个良好的工作平台。

作为学校的管理者,不能仅仅为教师下达任务,而应当着眼于教师的发展,根据教师的需要为教师提供服务。通过有效的管理和服务,帮助教师尽快适应新课程。要树立学校管理是为学生、教师和学校的发展服务的思想,要深刻理解新课程对学校管理提出的新要求,并深入探讨学校制度与机构的改革,真正为新课程的实施创造良好的环境。

教师需要激励,需要得到尊重,需要个性化的帮助,尤其需要专业发展方向的指导。教师的发展,需要条件和空间,不仅仅是物质条件,更需要良好的工作环境和氛围,以及以校为本的研究课题,不断在教育实践中发现问题,找到解决问题的办法。为此,对于管理者来说,首先,要不断调整管理的决策和措施,通过制度化建设,在学校形成一种崇尚学术、崇尚研究的氛围,创设教师间互相关爱、互相帮助、互相切磋、互相交流的学校文化,使学校不仅成为学生成长的场所,同时也成为教师成就事业、不断学习和提高的学习化组织。其次,将管理的重心更多地转向方向引导、发现经验、具体帮助和创造条件上,强调人文关怀,尊重教师,强调合作与交流,要为教师提供一些基本的、方向性的、示范性的案例,教师之间有各种各样的差异,要帮助教师在不同的起点上获得发展。

(二)尊重教师的专业自主权——提倡个性化教学

新课程为教师成长提供了良好的环境,尤其是三级课程管理、校本课程的开发都赋予了教师专业自主的权利,教师不再仅仅是课程的实施者、执行者,还是课程的开发者,是教学的研究者。尤其是新课程注重对学生创新能力的培养,特别需要教师进行创新,不要有太多的模仿,而是提倡高度个性化的、多姿多彩的教学,非常重要的前提条件是教师能够做到专业自主,能够自主独立地解决问题。

教师的成长需要支持性的环境,教师是专业工作者,教师的职业生涯充满了创造性,应当高度尊重其在教育实践中的主动性、创造性。校长对教师在实验中遇到的问题要具体分析,帮助教师寻找对策,鼓励教师大胆探索,而不是一概否定。新课程实验十分强调要培养教师专业自主的意识和能力,管理者应当转变角色,从单纯的管理、监督、控制变为支持者、引导者,应该为教师松绑,让教师自己往前走。

（三）让教师参与学校的管理——民主、科学化管理

过去的管理，教师是被动的服从，所有的决策都由领导决定，其他人只是负责落实，基于这种情况，管理必然是控制、执行，如今，在新课程背景下，学校管理要由控制执行转向信任授权。

学校管理应更多地体现民主性，形成民主、科学的管理方法，教师参与民主管理的状况，直接影响着其工作积极性和主观能动性，学校要将以校长为中心的管理变为民主科学的管理，建立民主协商的对话制度，让教师参与学校管理，参与学校重大决策，在这一过程中，让教师体会到参与的价值和主人翁地位。这样既可以满足教师的需要，又可以增强教师对决策的认同感，进而激发教师工作的积极性、创造性。

经过调查，我们感到：现代学校不仅仅是教师教书、学生学习的地方，更是师生生活、成长的地方。因此，现代学校管理不仅要关注教师的专业发展，学生的学习进步，更要关注师生在校园的生活状态，不断提高师生的校园生活质量，使他们感到校园生活是幸福的、快乐的。当教师在工作中获得幸福，获得快乐，他们才能输出幸福，输出快乐；当教师体验到校长在管理过程中以教师为本，他们会把这种体验传递给学生，这个过程应当是：学校人性化、民主化管理—教师人文关怀体验—教师具有良好的职业操守并热爱学生—与学生愉快地、民主地交流—学生喜欢学校生活。

我们所需要的现代优质学校应该是：善于发现学生的优质智能，并能提供适合学生特点和发展的学校；具有鲜明办学特色的学校；敢于改革、勇于创新、善于研究的学校。学校如果从生命的角度来看待教师，改进学校管理，并通过管理，发现每个人的长处，就会发现更出色的教师，使教师具有强大的魅力。如果我们的管理者多一些微笑，多一些关心，多一些人文，多一些民主，以人为本，科学、民主管理，相信我们的学校会越办越好。

课题研究设计篇

基于幼儿发展的教育戏剧行动研究

一、选题依据

（一）研究背景与问题

1.学前儿童教育戏剧活动与生活脱节、与游戏割裂。幼儿教师缺乏对学前儿童教育戏剧的认识，盲目将戏剧与孩子们的日常生活分离开来，没有意识到戏剧教育应该是从孩子的游戏开始，平时对儿童缺乏对游戏表演兴趣的培养，所进行的教育活动只是为了达到某种演出的效果，没有实际的价值。

2.学前教师缺乏儿童教育戏剧相关专业素养。在我国的幼儿师范教育的课程体系中没有开设戏剧这门艺术教育课程，幼儿教育师范生在校学习阶段没有系统地学习过有关戏剧的知识和技能，在成为幼儿园教师后也少有系统学习戏剧艺术及戏剧教育的机会。

3.学前幼儿教育戏剧活动缺乏家长的参与及关注。家长少有参与戏剧教育活动的机会且对戏剧相关认知知之甚少，很多家长对孩子的培养带有很强的功利性，认为一切不是以孩子的需要出发而是过分注重教育的显性成果，这直接影响了学前儿童教育戏剧活动的效果。

4.学前教师在教育戏剧活动中喧宾夺主。教师把自己作为活动的主导，过分地强调舞台效果，注重化妆、服装、舞台布景等。被戏剧最表层的东西所迷惑，戏剧教育活动丧失童趣，导致学前儿童教育戏剧活动失去其特殊价值。

（二）研究意义

1.通过教育戏剧活动，促进幼儿综合能力发展。通过教育戏剧活动可以提升孩子的语言表达、情感、社交、审美、认识、欣赏等能力,同时幼儿能运用语言、动作、道具及其他符号形式来表现自己的想法和抽象事物,儿童教育戏剧活动引导幼儿浸润在戏剧活动中,是各种学习活动和游戏活动的整合形式,提供了一个推进幼儿整体发展的活动平台。

2.通过教育戏剧活动,避免小学化教学模式。通过教育戏剧相关活动,实现润物无声的教育,达到理想的教育效果,避免小学化刻板生硬的教学模式,创造一个轻松愉悦的学习氛围,促进幼儿全面发展。

3.通过教育戏剧活动,为幼儿提供人生体验场。通过演绎不同角色体验不同人生产生不同的感受,戏剧是人生的折射也是充分利用情景和环境实施教育的平台。

(三)已有研究现状评述

1.国外研究现状。受法国启蒙运动的影响,著名思想家、教育家卢梭提出了将戏剧应用于教学的两个教育理念:"在实践中学习"和"在戏剧实践中学习"。十九世纪末,在进步主义教育运动中,杜威极力倡导在教室环境中使用戏剧,认为最重要的理论即为创作性戏剧教学法。美国的儿童戏剧教育先驱温妮弗瑞德·沃尔德在二十世纪二三十年代提出了"创作性戏剧"这一概念,沃尔德认为创作性戏剧重视表演者的表演过程,不重视表演的结果。创作性戏剧的代表人McCaslin曾提出创作性戏剧的教育目标:(培养参与者)创造力和审美能力、批判性思考能力、社会性成长和与他人合作能力、交际交流的技能、道德和心理判断能力和自我认知的发展。布瑞恩·维是英国剧场教育的代表人物。他在《通过戏剧的发展》一书中论述了他的戏剧教育理论和实践:将正式剧场和创作性戏剧结合起来,发展出参与剧场,那就是向儿童观众开放,使儿童观众成为参与者。从创作性戏剧的发展历程、定义、目标与组织形式等多方面来看,创作性戏剧作为一种戏剧教育理论,体系健全,经验积累丰厚,值得我们学习与借鉴。

从以上对外国研究状况的梳理可以看出:对创作性戏剧的研究和对幼儿戏剧教育功能的研究,都可以看出外国的戏剧教育研究都先于我国并形成了比较成熟的理论体系。许多国家已把戏剧教育制度化、标准化并纳入教科书中,作为不可或缺的课程。在戏剧活动中达到教学育人的目的,这种戏剧教育活动渗透到从幼儿园到大学各层次课程中。如今,已形成了一个逐级递进、从幼儿园到小学、中学乃至大学的金字塔型的教育戏剧体系。

2.国内研究现状。二十世纪九十年代初,一些戏剧研究者如胡宝林、林玫君把国外创作性戏剧的相关概念引入台湾。1971年台湾的小学就设置了"儿童戏剧班"。2001年明确将戏剧列为教学内容之一。戏剧逐渐成为台湾高、中、小的教学科目。我国香港有多年的西方背景,因此许多组织致力于推广戏剧教育,许多学校自觉运用这种教育方法。2001年之前戏剧被当成课外活动;2001年至2002年,戏剧成为选修课程;从2002年以后,戏剧被列为必修科目。综上所述,我国幼儿园的戏剧活动和戏剧教育受西方创作性戏剧的影响。二十一世纪初,随着素质教育的推进与深入,我们的教育工作者也看到了戏剧的教育功能。2001年颁布《幼儿园教育指导纲要(试行)》将幼儿园课程划分为健康、语言、社会、科学、艺术五大领域,就艺术领域而言,就要求幼儿园艺术课程不仅要实现艺术内部的综合,也要实现艺术与非艺术的综合。教育戏剧作为综合的艺术门类进入研究者视野,并受到西方创作性戏剧的影响,我国的教育戏剧也开始逐步发展。目前为止,国内针对幼儿园戏剧课程的理论和应用研究尚不多见,南京师范大学教授张金梅将"儿童教育戏剧"界定为:在激发儿童创作戏剧的过程中,教师培养儿童乐于并善于用戏剧语言(符号)表达自我、思考和认识周围世界,由师幼共同建构的指向人文精神的一种审美教育。2009年,南京师范大学教育科学学院博士生导师许卓娅教授带领团队,进行了创意戏剧课程的理论与实践研究。研究立足于"凡是儿童可以自己做的一定要让儿童自己去做,凡是儿童能够自己体验的一定要让儿童自己去体验"的理念。随着我国基础教育新课程改革的推进和素质教育理念越来越深入人心,学校戏剧教育将逐步适应教育现代化的需要和契合当代教育和社会的发展趋势。但是目前,国内幼儿戏剧教学还处于探索阶段,缺乏戏剧教学相关教材,教育戏剧专业人才匮乏。

3.研究述评。综上所述,国内外研究者对于教育戏剧的内涵研究较多,现有的研究主要分为三大类:一是研究儿童教育戏剧实施的途径及措施;二是通过儿童教育戏剧能提升幼儿各项能力的研究;三是研究如何提升教师在儿童教育戏剧方面的专业素养。不论是国外还是国内,教育工作者都已经认识到了戏剧的教育功能,戏剧的教育功能在教学中的确成效显著。国外教育戏剧相关研究领先于我国,但随着时代的变迁及社会的发展,儿童教育戏剧在中国学界已由最初的闻所未闻到中国第一部幼儿园教育戏剧系列教材出版,儿童教育戏剧经历了萌芽、停滞、上升等阶段,如今形势一片大好,学界对儿童教育戏剧呈现出积极的态度。本课题将基于幼儿身心发展规律,开展研究。通过多种途径调查西宁市目前儿童教育戏剧实施现状,结合调查结果,对出现的问题进行分析并寻找合适的对策,寻求更加合理的途径及方法实施儿童教育戏剧,希望本次课题研究成果能为西宁市学前教育工作者在儿童教育戏剧方面提供理论支持,成为在西宁市推广儿童教育戏剧的相关教育理念及实施措施的途径。

二、研究内容

(一)研究目标

1.了解西宁市幼儿园儿童教育戏剧的实施现状及其影响因素。

2.探索3—6岁幼儿教育戏剧的具体实施方法和有效途径。

3.通过开展幼儿园教育戏剧活动,营造戏剧实践的教育环境,激发幼儿的想象力、创造力、思辨力,为幼儿未来成长做好准备,促进教师多维度专业成长。

(二)研究内容

1.展开对西宁市幼儿园教育戏剧现状的研究。

2.探索教育戏剧在幼儿园教育、实践应用中的具体实施方法与途径,丰富幼儿园教师教育戏剧经验,提升专业素养。

3.在具体的行动研究中,营造宽松、自主、支持、接纳的教育环境,让师幼"认识自己、欣赏自己、接纳自己、突破自己",构建院所、教师、幼儿三层级共同成长发展理念。

(三)研究重点

1.开展教育戏剧的途径与方法研究。

2.以教育戏剧为途径,提升幼儿的综合素质,培养全面发展的人(全人教育)。

(四)研究难点

面向全体幼儿,建构促进幼儿发展的教育戏剧活动实践基础体系。

三、思路方法

(一)研究思路

1.通过儿童剧展演活动,发现教育戏剧价值。

2.了解西宁市教育戏剧实施现状,分析存在问题的原因、影响因素。

3.培训学习,理清思路,从我院(西宁市保育院)现状入手进行研究,经专家指导、舞台实践,初步探索教育戏剧的实施方法与途径。

4.根据幼儿身心发展特点,制订分年度的教育戏剧实施计划,探索建立教育戏剧实践体系。

（二）研究方法

1.资料文献法。依托图书、报刊、著作等,利用经典案例、成功做法、相关理论等,收集、检索国内研究成果,为课题研究提供必要的理论基础。

2.行动研究法。行动研究属于实证研究,相比较其他实验研究,教师的执行力更强。 实施研究活动时,采用"预设计划→实施计划→回顾反思→调整计划→再实施→再反思→进一步调整"的研究方法,及时总结经验,调整、完善计划,通过儿童剧展演、开展研讨活动等,不断调整与优化教育戏剧组织活动,开展分析研究,为课题研究提供丰富的研究素材。

3.个案研究法。通过对随机抽取的幼儿个体进行深入的观察、调查,分析研究其在实践中的具体表现并记录,积累资料加以理性分析,为课题研究、幼儿综合能力提升提供改进方法。

4.经验总结法。对课题各阶段或全过程的内容、方法,进行分析和概括,较系统科学地总结经验、提炼成果、推广成果。

5.问卷调查法。利用问卷探索带有普遍性的问题,了解幼儿园教育戏剧现状,借助现代教育技术,进行数据管理和分析,为研究课题提供事实依据。

6.访谈法。访谈法又称晤谈法,是指通过访员和受访人面对面地交谈来了解受访人的心理和行为的心理学基本研究方法。通过与西宁市幼儿园领导和教师面对面交谈幼儿园教育戏剧相关问题,了解幼儿园教育戏剧的现状。

7.专家意见法。就是根据课题研究预测的目的和要求,向有关专家提供一定的背景资料,请他们就研究内容的未来的发展变化做出判断,提出量的估计和质的意见。

8.活动实践法。在小范围内采用计划、行动、考察、反思的模式,不断进行探索并改进工作。

9.教育叙事研究法。用叙事的形式记录和叙述活动开展的设计意图、活动过程、活动中存在的问题、活动带来的效果等,一般都是用撰写教育随笔的方式进行记录和研究。

四、创新之处

（一）理论框架

教育戏剧是戏剧教育的一种独特方式,是一门以赋予学识与体验为目的的艺术学科,是一门戏剧方法应用于教育的跨领域整合新学科。教育戏剧通过充满象征意义和艺术性的戏剧语言进行交流、互动与学习,是一种潜移默化的教育方式。幼儿教育戏剧不同于成人戏剧教育,儿童教育戏剧不是成人戏剧教育的翻版,而是教师对儿童戏剧经验建构规律的遵循。

(二)研究角度

教育戏剧的功用在于通过戏剧进行教育,注重的不仅是孩子的模仿力,更重要的是激发孩子的想象力,开启孩子的创造力,培养孩子的思辨力。我们要开展的教育戏剧,是以幼儿为主体的,具有创造性、探究式的教育,而不是忽视幼儿主观能动性,教师在教育戏剧活动中喧宾夺主的"示范剧",所以在方法和意义上大于只是模仿表演一部戏剧的作用。

(三)研究方法

将教育戏剧与五大领域有机融合,挖掘内涵,构建幼儿与他人及社会的关系。

五、条件保障

(一)研究能力

本课题成员由10名教育一线管理者及教师组成,均参与过省、市级课题的研究工作,课题组全体成员在过去的课题研究实践中掌握了课题研究的基本方法,有数篇论文、教学设计在国家核心期刊发表或全国、省、市论文评选中获奖。多次在省、市、区中承担公开课或比赛课,并且取得了较好的成绩。课题主持人组织参与了多个国家、市级课题的研究,课题组是一支具有较强研究能力的教学科研队伍。我院已有开展戏剧教育的基础,目前是青海省戏剧协会"戏剧进校园实践基地",青海省演艺集团国家一级演员张璐为指导教师,并在2021年5月28日举办"听党话跟党走做党的好娃娃"儿童剧展演,5月29日在省剧协的指导下,在"百姓大舞台"做专场儿童剧演出。

(二)科研手段

专家引领:一是邀请高校教师来院开设专家讲座,纠正研究误区,提升研究水平。二是青海省戏剧协会每年定期派专家来院观看幼儿表演等,做具体指导,找问题、差距,解疑问、困惑,确定下一步研究目标与方向。

同伴互助:以我院"青蓝工作室"为抓手,以课题组成员为核心,组织各年级骨干教师组成"同伴互助"研究团队,谋划课题研究,延展研究载体,取长补短,形成合力。

实践研究:在已有演出剧目基础上,保留经典剧目,探索益智剧目。组成教师团队,开展实践研究。实践研究过程中,以预设—实施—反思—讨论—实践—提升为主要环节,团队研究,集思广益,反复论证,分阶段推进,确保课题研究取得实效。

成果分享:制订详细计划,自2021年"六一"儿童节起,每年开展儿童剧展演活动。

六、研究计划

第一阶段:2021年3月—6月:准备阶段。

明确研究方向,确定课题内容,选定课题成员,合理做好分工,撰写课题申报书。

第二阶段:2021年7月—2024年12月:实施阶段。

2021年6月—2021年12月:在青海省戏剧家协会指导下,开展现有儿童剧展演活动,提升幼儿表演水平、教师专业素养。

2022年3月—2022年12月:在省戏剧家协会专家指导下,开展探索儿童剧创新工作,力争每年新增1部创新儿童剧目。

2023年3月—2024年12月:邀请北师大教授做专业指导,编印西宁市保育院教育戏剧剧目集,同时培养一支较为专业的教师队伍。

第三阶段:2025年1月—2025年6月:结题。

整理课题资料、形成结题报告。

七、预期成果

1.编印西宁市保育院教育戏剧剧目集。

2.课题组每名成员完成以课题为中心的论文,在公开刊物发表。

3.充分发挥省、市级示范园引领示范作用,开展"儿童剧"全市展演活动,推动西宁市教育戏剧工作开展。

4.针对幼儿身心发展特点,建立教育戏剧活动实践体系。

基于团队合作的幼儿园教师专业发展实践研究

一、研究问题与文献综述

(一)研究背景与问题

1.幼儿园教师队伍整体结构不合理,缺乏高质量的专业水平。学前教育是终身教育的起始部分,是教育行业的重要组成部分,具有很强的专业性。近年来,大量学前专业大学生充实到了学前教师队伍中,提升了幼儿教师的综合素质。但由于历史原因,很多幼儿教师入行门槛低、学历低。社会、民众对学前教育的偏视,部分民办幼儿园追求短期效益等原因,造成教师结构不合理,教师流动频繁,队伍不稳定,影响了幼儿教师队伍的专业化成长。

2.幼儿园教师团队合作模式相对单调,缺乏高效模式的创新。目前,幼儿园在现代课程理念影响下,合作逐渐成为当代教师文化发展的方向,团队合作式的教师专业发展模式也应运而生。长期以来,幼儿园一直沿用以"教研活动"为主体的教师团队交流合作模式,教研活动、听评课等模式的确起到了应有的作用。但新时代、新教育、新理念、新思想下,原有的教师团队相对单一的合作模式无法成为教师成长的助推器,缺乏实效、创新,无法满足教师个性化、专业化发展的需要。

3.幼儿园教师团队合作模式研究不足,影响团队合作效能发挥。团队合作是随着工业社会的发展需要应运而生,最初出现在工厂、医院等场所,二十世纪被教育行业逐步采纳。目前,幼儿园管理者常常沿用常规理念来打造常规教师团队,完成常规保教工作。没有深挖团队合作模式的内涵、意义、作用,对于推动教师增强合作意识、逐渐养成合作精神,以合作型文化成为教师专业化成长助推剂的认识不够,研究不足,没有形成真正意义上的团队合作,更没有形成高效的团队合作模式,教师团队合作效能无法发挥,依然是单打独斗,或是小规模作战,缺乏集体智慧。

4.幼儿园教师团队合作机制不健全,阻碍教师发挥主观能动性。据了解,绝大多数教师都认为团队合作能提高自身专业发展水平,能解决工作中的实际问题,对于人际关系、专业能力、工作效率的帮助很大,同时认为个人态度极大地影响着团队合作的效果。但由于大多数园所忽视了团队合作的机制建设,忽视了教师个人在团队中发挥主观能动性的增效值,忽视了激励与推动工作之间的必然联系,工作合力不足,打造教师团结合作、积极向上的团队精神不够,阻碍了教师团队合作积极性的形成。

目前,我院教师队伍整体存在纵向合作不足问题。中年教师经验丰富,专业水平较高,合作交流意识弱;青年教师学前教育专业知识扎实,缺乏实践经验。面对现状,我们应以提升教师专业成长为目标,多形式建立教师合作团队模式,实现教师专业化成长。建立健全幼儿教师团队合作奖励机制,充分发挥教师主观能动性,从"要我成长"变成"我要成长"。

(二)文献综述

1.核心概念:教师团队合作模式。

(1)教师团队合作。团队合作指的是一群有能力、有信念的人在特定的团队中,为了一个共同的目标相互支持合作奋斗的过程。它可以调动团队成员的所有资源和才智,并且会自动地驱除所有不和谐和不公正现象,同时会给予那些诚信、大公无私的奉献者适当的回报。如果团队合作是出于自觉自愿,它必将会产生一股强大而且持久的力量[①]。

那如何定义教师团队合作呢,不同的学者有着不同的理论视角。陈雅玲认为,教师团队合作应有共同的目标、成员之间彼此积极互依、个人责任明确、合作互助、共同构建[②]。于洁指出教师团队是由若干具有互补的知识、技能的教师,在教育教学行为上有共同目标和规范,教师之间相互协作、沟通所组成的正式群体。于聪认为教师团队合作是以教师工作小组为基本形式,系统利用工作过程中各动态因素之间的互动,促进教师的学习,以教师团体和个体成绩相结合为评价标准,共同达到学习目标的学习活动。

除此之外,国外多位学者曾对"团队合作"的概念做出界定,其中以卡曾巴赫所提出的定义最具代表性,即"团队合作就是由少数有技能互补、愿意为了共同的目的、业绩目标而相互承担责任的人们组成的群体"。斯蒂芬·P·罗宾斯认为,团队是指为了实现某一共同目标而由相互协作的个体所组成的正式群体。他与卡曾巴赫对团队合作的理解基本相同,并特别指出只有正式群体进行的合作活动才有可能是团队合作。

①张千帆,李晓艳,刘妞. 教师团队合作行为的影响因素研究[J]. 高等工程教育研究,2016.
②陈雅玲. 教师团队合作学习:生态取向的教师发展机制[J]. 当代教育科学,2012.

借鉴上述研究者的观点,本研究认为教师团队合作是指团队内的教师有彼此公认的教育教学目标,能发挥自己的能力与特色,彼此分工合作,有明确的角色定位与任务分派,沟通协调,为达成教育目标而齐心努力,共同承担责任,共同分享教育的成果的过程。

(2)教师团队合作模式。其是主体在思维中对某种思想建构的范式、规划,并将之作为其达到某一目标的行动指南,是沟通理论和实践的桥梁。而团队合作模式本质上是一种区别于个人工作模式和竞争模式的工作方式,它强调的是团队成员在工作中的配合与协作。基于以上对教师团队合作的理解,本课题所探讨的教师团队合作模式是教师团队合作过程中应遵循的某种规范、准则,是教师团队合作的方式,是为达到团队合作的共同目的而采取的一切行为方式的集合,对促进教师个体的专业性、共同体的建立有一定积极作用。

2.关于团队合作模式的研究。

(1)关于合作模式的研究。随着工业生产的社会化进程加深,合作意识和团队精神在提高产品竞争力,掌握市场需求方面显得日益重要,任何项目的开发,以及公司单位的管理,都需要合作。合作模式在企业运行中得到了广泛的运用,李保红提出我国中小型物流企业合作模式大致分为三种:互补型合作模式、网络型合作模式(是一种比较松散的合作模式,建立在相互信任的基础上,而这种信任又以完全的信息共享为前提)、分布型合作模式(是比较松散的、多方共同参与合作,只是出于对即时性的要求,更需要通信、网络技术作为支撑)。李艳琼、侯丽娜提出了构建顶层维护系统、建立统一管理体制、融合企业管理文化三条制造型企业合作模式优化措施。梁学成提出服务共享的旅游企业合作模式,即将分散在各个业务单元当中那些功能相同、流程相似的业务从原业务单元中剥离出来,并进行集中整合,组建共享服务中心,比共享服务中心以顾客(原业务单元)为导向,向顾客提供收费服务,并形成专业化的内部机构。

职业院校为更好地发展和培养符合企业需求的人才,加强了与企业的合作。订单式培养模式、联合式培养模式(职业院校与企业共同出资、共同建设、共同管理的教育教学形式)是最常用的两种模式。张晓英还提出了校中工厂的合作方式,将企业引到学校中,以及厂中学校的合作方式,将学校引到企业中。张华提出单项合作模式、多项合作模式、全面合作模式。

(2)关于团队合作模式的研究。随着社会的迅猛发展,不管是对于个人的成长,还是集体的进步,行业、社会的发展,团队合作都是必不可少的。赵小玲、陈爱国、王菊梅、孔慕娜等提出医护团队合作模式可使个人与团队能力、患者满意率、医疗护理质量得到明显提升。建立医护团队合作模式能够提高医护人员工作积极性,为患者提供优质服务,促进医疗、护理两个专业的共同发展。龚慧慧提出在护理专科操作训练中运用团队合作模式,每组成员包括好、中、差3个等级,由操作技能水平较高的学生担任组长,小组成员在组长带领下相互合作,能明显提高学生的专科操作技能,激发学生对操作练习的兴趣。多学科团队合作模式在多种疾病的治疗与急诊中均有所运用,经过对对照组和观察组的分析,观察组采用多学科团队合作模式后,病人的恢复和满意度更好,有效缓解了医患关系。荣丽、王乔凤、温瑞娟将团队竞争合作模式应用到病房五常法管理中,通过建立团队之间进行评比、互相督促、学习及评选优秀者的激励机制大大提高了工作质量。

张勤提出了"走动管理"学生工作团队合作模式。"走动管理"的做法是:走出办公室,深入第一线,深入现场,深入群众、顾客、供应商之中,与他们保持密切联系和接触,给予关注和激励。辅导员在进行学生工作时要深入到学生中,团队成员之间分工协作,每人结合自己所长专门负责一项工作。曹苏娟等在福利院服务方面提出了跨专业团队合作模式,医、护、康、社工共同为老人提供全方位照顾。潘俊峰、杨敏在大学英语课堂中的任务型团队合作模式以美国实用主义哲学的代表人物杜威提出的"学生中心论"为指导,认为"教育就是学生经验的不断重组和改造",其教学过程包括创设情境,引导学生主动发现自己感兴趣想探究的问题,然后老师提供进一步探究所需的资源鼓励学生寻找问题产生的原因,最后引导学生提出解决问题的方案,从中学到知识,提高能力,尤其是思维能力。林凌斌提出以团队学习和团队指导相结合的方式有效地组织大学生进行职业生涯规划,即在"教"中以教师指导团队的模式提高职业生涯指导的全民性和全程性,在"学"中以生涯小组为单位,创造同一职业兴趣学生的"共同职业愿景"。童海霞等在物理化学实验中建立开放式的实验平台,将考核分为实验可行性设计考核、实验过程考核和实验报告考核,分数分配比例分别为20%、50%、30%,这种分数设置能够客观地反映团队合作在物理化学实验中的实际效果,改进实验中的团队合作模式。

3.教师团队合作模式的研究。

(1)教师专业发展。教师专业发展,又称教师专业成长,是指教师在整个专业生涯中,依托专业组织、专门的培养制度和管理制度,通过持续的专业教育,习得教育教学专业技能,形成专业理想、专业道德和专业能力,从而实现专业自主的过程。它包括教师群体的专业发展和教师个体的专业发展。

在本课题中,教师专业发展主要指教师个体的专业发展,即教师作为专业人员,从专业理想到专业知识、专业能力、专业心理品质等方面由不成熟到比较成熟的发展过程,即由一个专业新手发展成为专家型教师或教育家型教师的过程。具体分为五个阶段,即专业适应与过渡时期、专业形成与成长期、专业突破与退守时期、专业补给更新期、专业成熟期。具体内容包括专业理想的建立、专业知识的拓展、专业能力的发展、专业自我的形成。

(2)教师团队成员组成。研究者刘勤指出,目前我国已经存在的团队类型有多能型团队(教育行政管理团队和活动策划团队)、自我管理团队(班主任团队和年级组团队)、学习型团队(教研组和备课组)、问题解决团队(应急处理团队和科研攻关团队)①。根据对现存的团队类型的考察,研究者周芬芬、梁爱萍、王利君认为目前普遍存在着三级团队。第一级团队由学校的全体教师职工共同组成。如马廷奇所说的:"一些知识和技能互补的个体,为最终完成既定的教学目标和计划,以教书育人为远景目标而组织起来。"②因此,可以把学校全体管理部门的人员称为管理团队,具有完整的行政职能,在内部的角色分工、协作性和内部依存度上仍然具备团队的特征。第二级团队是目前团队建设的主要部分,是随着学校教学与管理中新的具体问题的出现从教学团队中分化出来的具有管理职能的"教学管理团队",包括班级组、年级组、备课组和教研组。如班级组是由班主任组织同年级教师或学生进行合作;教研组是由同年级教师组织起来对教学中的问题进行交流和改进等,可促进年轻教师成长。第三级团队是近年来出现的研究型团队和学习型团队,它们是"教学管理团队"中成长出来的偏重于学术性的团队类型。如"课题组"提倡教师就教学和学科内容进行研究,以解决教学问题,丰富或深化教学内容,让不同学历和不同年龄的教师共同研究学习,可促进年轻教师迅速成长和积累;学习型团队以学习新知识和新理论为目标,目的在于充实教师生活,提升教师素养。主要表现为对参加工作的新教师进行岗前培训、岗中指导。通过学习课堂教学的方法并跟踪指导,尽快达到要求,继而进入骨干教师行列。第三级团队之所以更为高级,是因为它以新知识的学习和创造为目标。目前,学校一级团队已经完全制度化,二级团队虽确定存在,但团队内部运

①刘勤. 初中班级任课教师团队建设的研究[D]. 上海:华东师范大学硕士学位论文,2006.8.
②马廷奇. 高校教学团队建设的目标定位与策略探析[J]. 中国高等教育,2007,(11):40-42.

行机制尚不健全,实施效果远未达到人们的期望,三级团队仍旧在探索当中。

(3)教师团队合作模式的实施类型。从查阅的相关文献中可知,各个学段对教师团队合作模式均有一定的研究:达朝燕提出了四种小学教师团队合作的模式,即同一学科教师之间的团队合作,同学科教师之间的团队合作,班主任与科任教师之间的团队合作,教师与教辅人员、后勤工作人员之间的"工序"合作。于洁以安丘市A小学为例提出来教研组活动模式、集体备课模式、专题工作坊模式、师徒教育模式、听—说—评课活动模式五种教师团队合作模式,这五种模式也是中小学中最常见和应用范围最广的。

程晓红提出了两种团队合作模式,整体团队模式和核心互补团队模式。整体团队模式分工明确、操作有序,但每个老师已经有了固定任务,当共同目标的实现需要较长时间时,一部分教师可能在过程中的某一时段才能发挥作用,造成教师资源浪费,从而影响教师积极性。核心互补团队模式要根据目标或问题的方向,确定一个核心小组,一般有3—5名成员。

潘春燕提出了三种幼儿园团队合作研讨的模式——互动学习、集体研讨、交流反思。其中互动学习包括好书共享和互动学堂(让名师、骨干教师、年轻教师轮流担任主持者,开展教师论坛、个性化讨论等);集体研讨包括集体备课、教学研讨,教学研讨又分为专题式研讨(专题式研讨,是指围绕某个主题或某个教育教学中需要解决的共性问题,采取不同的形式和手段实施教育研讨活动,促进同事之间的交流与学习,具有直观性和实效性,主要形式为一课多研式、同课异构式)、课题研究带动式研讨、双赢式研讨(幼儿园的骨干教师、名师与青年教师开展以老带新师徒结对的同伴互助方式)。除此之外,陆洁慧还提出了集体备课、师徒结对、自发组建临时团队三种幼儿园教师团队合作模式。

某高职院校创新性地提出了"班主任、副班主任(下班老师)、下班行政"三种角色组成的"三位一体"班级建设团队,即"三位一体"教师团队合作育人模式。通过科学分工、落实工作责任、与绩效挂钩等措施,探索出职校"全员德育"的实践模式。

(4)教师团队合作模式的实施成效。

①教师专业化水平明显提升。我们每位教师都有自己的长处和短处,不同性别、不同年龄的教师都有各自的特点。我们要正确认识自己的优缺点,真正做到知己之不足,知人之所长,这样既有利于搞好团队合作,又能尽快地提高自己的业务素质。

教师团队合作是教师专业化成长的一个重要方式,通过教师团队合作,发挥集体作用,达到个人所不能企及的水平。集体备课模式中,教师讨论教学内容,发掘教学难点,明确学科特点,分析学生情况,一切教研活动的水平均高于个人单打独斗的结果。专题工作坊模式充分发挥各学科教师的特殊智能优势,每位老师从自身学科视角出发为课程开发献言献策,贡献独特的智慧力量。师徒教育模式不仅能促进新手教师的专业成长,也促进了资深教师对教学方法、教学目的等的重新思考,资深教师从新手教师身上汲取先进的教育思想,学习信息网络技术,促进资深教师的专业发展。听—说—评课模式是最直接的促进教学的有效方式,所谓当局者迷,旁观者清,自身存在的教学问题往往不会轻易被自己察觉,教师要实现专业成长,需要他人对自己批评指正。在评课中,反思自身教学不足、虚心听取他人建议等都促进了教师个人专业水平的提升。

教师之间的合作研讨是促进教师专业成长和提升幼儿园教育教学质量的重要途径,架构一个彼此交流、互动、分享的通道,实现有效合作,资源共享,让教师们成为学习、研究的共同体,促进共同成长。

②促进学生各项能力更好发展。以安丘市A小学为例,通过教师团队合作,教师在获得自身专业成长的同时,最重要的是促进学生的全面发展。在本校的实践过程中,不仅学生的学业成绩有显著提升,学生的学习兴趣、动手实践能力、合作能力等均有所提高。如果每个教师团结起来,集中精力去处理一个问题,相信效果会非常好,如果单靠一个教师去解决,往往会觉得势单力薄。

③教师团队合作文化初步形成。在集体备课模式中,教师通过集体合作探讨教学问题,共同分享对教学、学习的认识与看法,教师之间实现彼此尊重、平等的对话与合作。在师徒教育模式中,资深教师不再是权威,也需从新手教师身上学习现代教育理论知识以及信息技术知识等,新手教师也不再是一味地、不加以思考地接受资深教师的建议,而是在自身价值判断的基础上,结合教学实际,虚心听取建议。在如此的对话交流中,彰显了教师合作文化的平等与包容。在听—说—评课模式中,教师坦诚地交流意见,探讨教学问题,各自发挥自身的智能优势,共同提高教学质量。在这一模式中,体现了教师合作文化中开放的心态。潘春燕提到在互动学习、集体研讨、交流反思中构建了幼儿园合作文化。达朝燕提到要从团结的愿望出发,要以谅解、宽容的态度,多为别人着想,以心换心、换位考虑、开诚布公、以诚相见,对集体给予体谅和理解,要有以大局为重的胸怀,在服从集体的前提下,与集体协商解决。

(5)教师团队合作模式存在的问题。程晓红提到教师团队合作模式刚刚进入实践阶段,教师如何更加有效地进行团队合作还有待于在实践中不断完善和发展。

于洁认为教师团队合作模式中存在以下问题:①团队缺乏共同目标;②评价机制不完善。评价机制更加注重成绩而忽视收获,更加关注教师完成的任务而忽视了教师的生存和发展,对教师的日常生活和工作关心很少,这样一来就导致教师的自我成就感下降,从而影响了团队整体的工作效率;③对教师团队缺乏系统管理。看似组建多年的教师团队,多流于形式,多倾向于表面化;④不合理的社会性价值判断降低教师主动性,多体现在年级组教师团队合作中,也就是教师的创造力欠缺,如果团队缺乏创造力,那么,一群教师围坐在一起也就失去了头脑风暴产生的可能性,这就偏离了教师团队合作的初衷,失去了团队创造这一核心价值。通过查阅文献可知,在团队合作中大多存在这些问题。

除上述问题外,郭钰认为幼儿教师合作存在的问题主要是,合作意识不足、主动性不高,陈建新认为在中小学教师团队合作中也存在此问题,此外还缺乏专门的合作学习方法。周芬芬、梁爱萍、王利君认为中小学教师团队合作存在没有明确的共同目标、团队角色不明确、缺少解决冲突的意识和技巧、合作过程缺少流程设计等问题。

4.综合评述。通过查阅文献可知,在各行各业中都离不开团队合作,也都结合实际情况对团队合作模式进行了研究,提出了不同的模式。在企业中有借助网络平台的网络型合作模式、分布型合作模式,也有基于优势互补的互补型合作模式、服务共享型合作模式。为更好地培养人才,企业与职业院校开发出订单式、联合式两种合作培养模式。在医学研究中,提出多学科团队合作模式、团队竞争合作模式,也表明团队组织结构的合理性对于提高工作效率的重要性。在学生工作中提出"走动管理"团队合作模式;社区工作方面提出跨专业团队合作模式;大学英语课堂中运用任务型团队合作模式……不管是哪种合作模式,都有一个共性,那便是最大限度发挥团队成员各自的优势,"取长补短",提高工作质量,促进个人及团队的发展。

在教师团队合作模式中最常见的便是教研组活动模式、集体备课模式、专题工作坊模式、师徒教育模式、听—说—评课活动模式五种合作模式,当然也十分注重学科之间的合作。合作模式的运用促进了教师专业水平提升、学生各项能力的发展、团队文化的形成。当然也存在着缺乏目标、团队管理不合理等问题。

在幼儿园领域,关于教师团队合作模式的研究还不多,潘春燕提出了互动学习、集体研讨、交流反思三种幼儿园团队合作研讨的模式,除此之外,陆洁慧还提出了集体备课、师徒结对、自发组建临时团队三种幼儿园教师团队合作模式。

那么,幼儿园教师如何才能找到有效的合作模式,并把这些模式付诸实践,以此来促进教师专业发展呢?这是当下幼儿园所需要关注的。基于此,本课题运用教育学、心理学、管理学、团队建设等方面的相关理论,采用文献分析法、调查研究法、比较分析法、行动研究、个案研究、访谈等多种研究方法,了解幼儿园教师团队合作模式实践的现状,探索更好的合作模式和实践方式,与教师专业发展和幼儿园发展相结合,打造一支高质量的教师团队,营造团结合作的园所氛围。

二、研究意义

(一)理论意义

本课题通过对幼儿园教师团队合作模式的现状进行调查、分析,探索研究幼儿园教师团队合作模式的新思路、新方法、新途径,为教师专业成长奠定基础,为幼儿园提供适宜教师专业发展的团队合作模式。

(二)现实意义

1.探寻适宜我市(西宁市)、我院(西宁市保育院)教师专业发展且操作性强的幼儿园教师团队合作模式。

2.推动教师团队的合作,有利于强化幻儿教师合作交流,更好地完成资源共享,教师们在合作交流的过程中,合作成员的多元化有助于产生不同的想法,发生思维碰撞,拓展教师群体对幼儿工作的认识和理解,创新工作思路。

3.有效的教师团队合作能够激发教师之间的良性竞争,对教学进行深入研究、互通有无,提高工作质量。

三、研究目标与内容

(一)研究目标

1.了解目前幼儿园教师团队合作现状,探索有效提升教师专业化成长的团队合作模式。

2.构建适于团队合作的幼儿园专业发展模式。加强园所团队合作文化建设,用团队文化引领建设师德高尚、业务精湛的高素质教师队伍,打造高品质、有特色、创一流的园所。

（二）研究内容

1.对西宁市幼儿园教师团队合作现状开展调查,掌握了解我市现有教师团队合作模式及实绩成果。

2.有效实施教师团队合作模式与策略研究。

（1）开展实践研究,提出我院教师团队的合作模式和具体实施方法。

（2）总结凝练出我院促进教师专业成长的团队合作多维模式,进而逐步在区域内推广。

3.最终构建"14322"教师团队合作模式。"1"即"一个基础":优秀的教师即优秀的团队成员是构建高质量教师团队合作模式的基础。"4"即教师成长的四个阶段:理论、实践、反思、提升。"3":构建班级、年级、园级三个层级的优秀团队。第一个"2":把三个层级的团队打造成为学习型、研究型的团队。第二个"2":进一步深化三个层级团队,使其都成为专业型、管理型(包括对教师的管理、教师对幼儿的管理)团队。最终让每个层级的团队都形成多维合作模式。

途径:研究教师团队合作与专业发展的关系,形成多维合作模式,为教师成长助力。

（1）思政工作坊合作模式

（2）"园+校"互赢合作模式

以智慧教育云平台为基础的"园+校"互赢合作模式——理论为主。

以本地高校为基础的"园+校"互赢合作模式——实践为主。

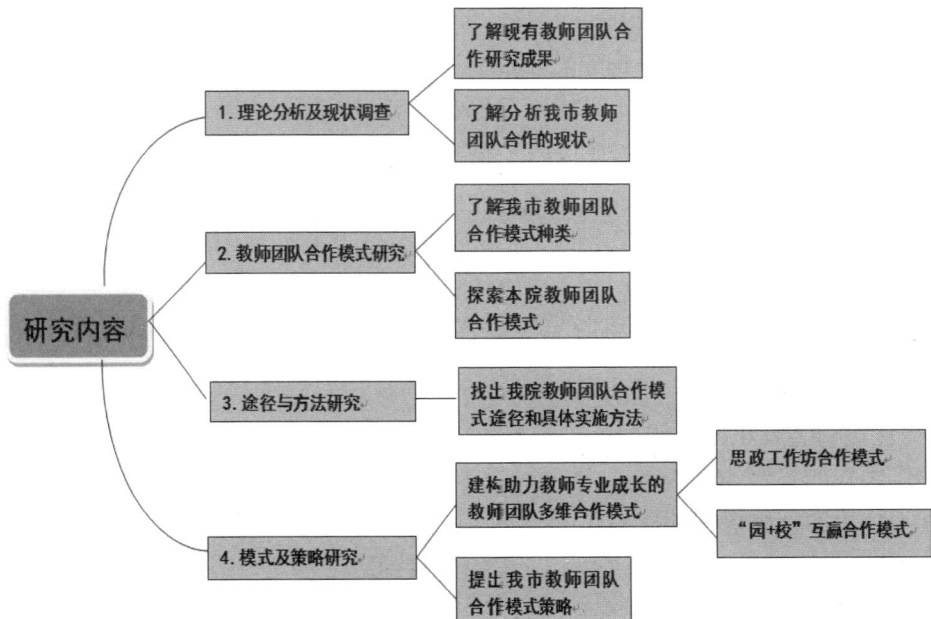

研究内容
- 1.理论分析及现状调查
  - 了解现有教师团队合作研究成果
  - 了解分析我市教师团队合作的现状
- 2.教师团队合作模式研究
  - 了解我市教师团队合作模式种类
  - 探索本院教师团队合作模式
- 3.途径与方法研究
  - 找出我院教师团队合作模式途径和具体实施方法
- 4.模式及策略研究
  - 建构助力教师专业成长的教师团队多维合作模式
    - 思政工作坊合作模式
    - "园+校"互赢合作模式
  - 提出我市教师团队合作模式策略

图2-1

表2-1

一个基础	成长四阶段	三层级优秀团队	二维团队模式	升级二维团队模式
优秀的团队成员	理论	班级	学习型+研究型团队	专业型+管理型团队
	实践	年级		
	反思	园级		
	提升			

（三）研究重难点

1.研究重点。对西宁市幼儿园教师团队合作模式的实施种类、途径与实绩效果进行研究。

2.研究难点。以西宁市幼儿园为例、以本园为实践基地,如何构建有效促进教师专业成长的教师团队合作模式。

四、研究方法与实施步骤

（一）研究方法

1.文献研究法。在整个课题研究过程中,文献法作为主要研究方法贯穿始终。通过对相关文献的收集、整理、分析,从中借鉴先进方法,以此来提高教师团队合作的水平;分析教师团队合作模式的建立、发展、形成完整体系的过程,为开展幼儿园教师团队合作模式的研究指明方向。

2.调查研究法。调查研究将采用问卷和访谈两种方式进行。问卷发放范围为西宁市七区幼儿园部分教师,采用网络无记名方式进行,主要针对被调查者个人基本信息、所在园办园性质、具体工作岗位、参与团队活动程度、所在园所团队合作模式类型、实效及影响因素等方面编制了《幼儿园教师团队合作模式调查问卷》。通过问卷调查的形式,对教师团队合作模式进行调查,了解我市幼儿园教师团队合作的现状。访谈将选取各区县的10所幼儿园开展,各园访谈人数为1—2人。主要以理解和把握教师团队合作的内涵、教师之间的互动或关系形态、教师团队合作的自愿性三方面编制访谈提纲。了解我市教师对于教师团队合作模式的了解、困惑、建议、期望等,访谈结束后,研究者对访谈内容进行整理,作为评价和反思活动的资料和依据。

3.比较分析法。在课题研究过程中,通过原有教师合作现状与开展教师团队合作后的纵横对比,发现有利因素,从而不断改进、完善、构建适于教师发展的团队合作模式。

4.行动研究法。积极探讨教师团队合作模式运作过程中的问题,在实践中研究,在研究中提升,边研究边总结边反思,以便达到最佳效果。

5.个案研究法。选择我院老、中、青各两位教师为研究对象,通过个案研究,由点及面,分析教师在团队合作模式下的成长规律,及时总结研究的阶段性成果。

6.实物收集法。定期对个案研究对象的工作进展情况、个人业务提升、获奖情况等资料进行收集,及时汇总团队合作模式在教师日常教学活动中的体现、合理运用及个人专业水平提升的成果。

(二)实施步骤

课题开展时间为两年,研究步骤主要分为三个阶段。

1.第一阶段:准备阶段。

(1)确定课题,成立课题研究组。

(2)阅读文献资料,完成文献综述。

(3)编制调查问卷、访谈提纲,了解我市幼儿园教师团队合作模式现状,完成调查报告。

(4)梳理课题研究内涵,厘清研究脉络,形成开题报告。

2.第二阶段:研究实施阶段。在一定范围发放问卷,进入幼儿园开展访谈,分析汇总形成调查报告,为课题实施提供实践依据。在本园开始实践研究,从个案入手,及时分析研究、总结凝练,逐步推广。整个研究过程中,遵循计划—行动—总结—反思—提升的基本环节,形成中期报告。注意收集整理典型案例、照片、问卷分析、访谈记录、反思随笔等过程性材料。

3.第三阶段:结题阶段。撰写结题报告、课题研究报告;整理各类资料,形成活动照片集、案例集、论文集、工作报告集、研究过程随笔集等课题成果;举办全市成果推广会。

五、最终成果的形式

1.总结凝练出适用于西宁市、我院的教师团队合作模式,利用"线上+线下"的方式加以推广。

线上:利用智慧云平台分享资源。

线下:实地观摩思政工作坊、安吉游戏等合作成果。

2.课题组成员撰写论文,并发表。

3.收集过程性资料,形成论文集、研究过程随笔集、工作报告集、案例集、活动照片集。

红色文化融入幼儿园思想品德启蒙教育实践研究

一、研究内容和意义

学习、继承、发扬红色文化可以大力弘扬民族精神和先进时代精神,激发幼儿的爱国主义精神及民族情怀。通过红色文化进幼儿园教材,进幼儿园课堂,进幼儿头脑,可以促进幼儿的思想品德启蒙教育,提升幼儿的思想道德品质,培养德智体美全面发展的社会主义建设者和接班人。课题运用文献分析法、行动研究法、经验总结法、案例分析法等方法,在开展理论分析的基础上,根据西宁市保育院开展的红色文化融入幼儿园思想品德启蒙教育的实践探索,对实践经验及不足等进行总结分析,梳理影响因素,提出切实可行的操作性策略,全面提升幼儿园思想品德启蒙教育的质量,培养出具有优良道德品质的新时代"红孩子"。

二、理论依据

(一)研究背景

1.新时代红色文化和思想品德教育的新要求。《习近平谈治国理政(第三卷)》中指出:"共和国是红色的,不能淡化这个颜色。"红色文化是中国共产党以马克思主义为指导,吸收中外优秀文化创造的先进文化,代表了中国共产党人和广大民众的优良品格。红色文化是开展思想政治教育活动的重要载体和内容,要通过红色文化教育让红色基因代代相传。习近平总书记在学校思想政治理论课教师座谈会上的重要讲话中指出,"我们党立志于中华民族千秋伟业,必须培养一代又一代拥护中国共产党领导和我国社会主义制度、立志为中国特色社会主义事业奋斗终身的有用人才"。并且进一步强调,要"贯彻新时代中国特色社会主义思想,坚持社会主义办学方向,落实立德树人的根本任务"。

幼儿期是个体思想品德启蒙的关键期,《幼儿园教育指导纲要(试行)》《3—6岁儿童学习与发展指南》中分别指出"充分利用社会资源,引导幼儿实际感受祖国文化的丰富与优秀,激发幼儿爱家乡、爱祖国的情感","通过活动激发幼儿对祖国的自豪感和热爱之情,激发幼儿的民族自豪感"。《幼儿园保育教育质量评估指南》中指出,注重幼儿良好品德和习惯的养成,潜移默化贯穿于一日生活和各项活动,培养幼儿爱集体、爱家乡、爱党、爱国的情感。

2.红色文化满足幼儿思想品德发展的现实需求。在功利主义教育价值观影响下,各级教育中重智育轻德育的现象较为严重,学前教育领域也存在对幼儿思想品德启蒙发展关注不够等现实问题,在幼儿园阶段未能给幼儿扣好人生第一粒扣子。幼儿作为祖国的未来,学习、继承、发扬红色文化可以大力弘扬民族精神和先进时代精神,激发幼儿的爱国主义精神及民族情怀。在幼儿园教育中融入红色文化教育,通过创设红色文化环境、开发红色文化课程资源、开展红色主题活动等,实现红色文化进幼儿园,进幼儿园课程,进幼儿头脑,让红色文化伴随幼儿成长发展,可以有效提升学前教育实践中幼儿思想品德启蒙教育的实效。总之,将内涵丰富的红色文化融入幼儿园思想品德启蒙教育,建构特色化的幼儿园红色文化教育课程,实施多元化的幼儿园红色文化教育活动,可使红色文化教育引导幼儿树立正确的思想品德。

3.西宁市保育院红色文化教育探索的现实基础。中华人民共和国成立之初,为解决建设青海的干部职工的子女入托问题,在西北军政委员会的关心下,青海省民政厅牵头建立了"青海省保育院",后移交西宁市教育局,更名为"西宁市保育院"。西宁市保育院的建院背景使红色文化成为其在历史发展征程中不忘初心、牢记使命、赓续奋斗的不竭动力,建院初期,西宁市保育院的工作者们以孩子父母无私的革命奉献精神启发、培养幼儿的思想品德,后来这种红色文化教育成为西宁市保育院的传统得以传承延续。当前,西宁市保育院结合新时代教育立德树人的根本要求,结合学前教育发展实际,持续开展既注重知识普及、又加强情感培育的红色文化教育探索,使红色基因渗进血液、浸入心扉,培养幼儿爱党爱国、自信自强等思想品德,取得鲜明成效,值得进行深入研究,凝练形成具有推广价值的实践经验,推进我省学前教育事业发展。

(二)研究意义

1.理论意义。

首先,有助于丰富红色文化融入思想品德启蒙教育的理论。当前学术界针对红色文化融入思想品德启蒙教育的相关研究相对比较空泛,相关的理论研究也比较少。本课题在通过学习红色文化开展幼儿思想品德启蒙教育相关研究的同时,不断探索和总结学前教育继承红色基因、弘扬红色精神、传承红色文化的经验,并对其进行理论阐释,有助于完善红色文化融入思想品德启蒙教育的理论研究。

其次,有助于丰富学前教育研究的相关理论。本课题依托学前教育、思想品德教育等理论,从幼儿园环境创设、教学活动、游戏活动、区域活动等角度对红色文化融入幼儿园思想品德启蒙教育实践开展相关研究,探讨红色文化融入幼儿思想品德启蒙教育的现状、问题及其影响因素,探索具有创新性的实践路径,并提出红色文化融入学前教育的理论价值及目标任务,有助于丰富学前教育研究的相关理论。

2.实践意义。

首先,有效促进幼儿的思想品德发展。本课题根据西宁市保育院红色文化融入幼儿思想品德启蒙教育的现状,通过对幼儿思想品德教育现状进行分析,可以帮助教育者了解教育教学中存在的问题,对实践经验及不足等问题进行分析总结,探究影响因素,提出切实可行的操作性建议,帮助教育者进一步明确幼儿思想品德启蒙教育的目标、内容、方法等,改进教育教学方法,从而有效促进幼儿的思想品德发展。

其次,提升幼儿园思想品德启蒙教育的质量。本课题立足家园合作共育视角,基于西宁市保育院红色文化融入幼儿思想品德启蒙教育的特色探索,发挥家长和教师在幼儿思想品德启蒙教育中的主导作用,有助于提高教师和家长对红色文化融入幼儿思想品德启蒙教育的重视程度,探索具有创新性的路径,推进幼儿园红色文化教育机制的建立,提升幼儿园思想品德启蒙教育的质量。

最后,培养具有优良道德品质的新时代"红孩子"。本课题从幼儿园启蒙教育的特性出发,通过将红色文化资源融入幼儿思想品德启蒙教育中,设计符合幼儿思想品德发展的教育教学活动,引导幼儿从小树立正确的世界观、人生观、价值观,在传播传承我国优秀红色文化的同时,让红色文化在幼儿心中扎根,促进幼儿的思想品德启蒙发展,提升幼儿的思想道德品质,培养出具有优良道德品质的新时代"红孩子"。

(三)研究现状

1.国外研究现状。国外学者没有对红色文化开展专门的研究,但从红色文化相关研究的著述中我们可以看到,大部分国外学者认同我国蕴含着丰富的红色文化资源,认同我国红色文化存在与利用的巨大价值,并认为这种精神文化在我国历史上发挥了不可忽视的作用。美国记者史沫特莱所著《伟大的道路——朱德的生平和时代》,埃德加·斯诺所撰写的《西行漫记》,哈里森·埃文斯·索尔兹伯里的《长征——前所未闻的故事》等多部著作,从不同层面研究了中国共产党与中国革命,也生动展现了党和人民军队在革命年代的精神风貌,有助于世界真正了解中国的红色文化。

国外对儿童思想品德发展的研究较为丰富,皮亚杰通过观察儿童的活动,用编造的对偶故事同儿童交谈,考察儿童的道德发展问题,并在其《儿童的道德判断》一书中提出了著名的"儿童道德发展四阶段理论"。劳伦斯·科尔伯格提出了"道德发展阶段理论",他虽沿用皮亚杰的方法,但目的却不像皮亚杰那样旨在了解儿童对行为是非的道德判断,而是借助道德两难的问题情境,希望了解儿童所做出的行为是非道德判断后如何说明其判断的理由。国外有关幼儿思想品德发展阶段的研究表明,幼儿思想品德发展有其独特性,要依据幼儿发展特征开展教育启蒙活动。

2.国内研究现状。

(1)有关"红色文化教育"的研究。随着国家对中国特色社会主义文化的强调,红色文化教育受到越来越多的关注,通过梳理文献发现,目前研究主要聚焦以下几点:一是挖掘红色文化资源及其教育价值的研究。此类研究大多倾向于阐述红色文化的理想信念导向和思想道德教化作用,其中历史教育、四史教育是最为突出的教育价值体现形式。二是将红色文化与思想政治教育或德育联系起来的研究。石书臣、徐光寿等学者普遍认为红色文化是思想政治教育的重要内容和优良载体，相关研究多以高等学校作为研究阵地，以大学生作为研究对象，对中小学生及幼儿的研究较少。三是红色文化教育实施路径的研究。此类研究以一线教师为主，探讨红色文化教育实施的路径以及红色文化教育与不同学科课程的融合形式等问题。

（2）有关幼儿思想品德教育的研究。目前有关幼儿思想品德教育的研究大部分致力于品德教育研究，且思想品德被包含在德育的研究范畴中。张冬梅、姜姗姗、张润玲等认为品德教育是幼儿教育的重要组成部分，邓娅婧提出在思想政治视域下幼儿品德教育作为思想品德教育的基础是较低层次的思想政治教育，也是思想政治教育的重要组成部分。还有研究指出，由于幼儿自身年龄特点还无法形成一个较为具体、系统的思想品德思维体系，幼儿仍处在形成思维体系的重要时期，所以在此阶段需要引导幼儿形成良好的道德品质，为日后确立正确的世界观、人生观、价值观奠定基础。

（3）有关幼儿园红色文化教育的研究。现有对幼儿园红色文化教育的研究主要聚焦于：一是幼儿园红色文化教育的教育价值研究。有学者认为，在幼儿园阶段红色文化教育的主要教育价值体现在爱国主义教育、理想信念、道德品质等层面。潘松文认为红色文化提供了正确的价值导向，在价值观培育上具有独特作用。二是红色文化融入幼儿园课程的研究。刘南方等认为红色文化作为优秀的文化，蕴含着丰富的教育价值，对于幼儿的成长具有重要的作用，其在幼儿园课程中的有效运用，有助于红色基因的传承，使得幼儿德育内容得到全面拓展。还有的研究将红色文化与幼儿园五大领域课程有机融合，提出沉浸式体验红色文化所弘扬的革命精神，最大程度发挥红色文化的教育作用。

综上所述，对红色文化教育和幼儿思想品德教育的研究是当前研究的热点，学者对红色文化教育的积极价值有普遍的认同和重视，对从幼儿教育阶段开展思想品德启蒙教育也达成普遍共识，上述研究成果为本课题研究提供了一定的研究参考。但是，现有研究对红色文化融入幼儿思想品德启蒙教育的理论阐述、路径探索、效果评价等的关注较为不足，因此，本课题在西宁市保育院红色文化融入幼儿思想品德启蒙教育实践探索的基础上，开展理论分析、现状梳理、问题及原因分析、对策建议等的研究，具有积极的理论和现实意义。

三、研究方案

(一)研究内容及研究目标

1.研究内容。

(1)研究背景

(2)研究目的及意义

①研究目的。

②研究意义。

(3)研究思路及方法

①研究思路。

②研究方法。

2.研究目标。

(1)总结红色文化融入幼儿园思想品德启蒙教育的实践经验,分析其中的问题及原因,提出可行的实践策略,凝练形成西宁市保育院特色化育人机制,弘扬和发展红色文化对幼儿思想品德教育的积极作用,形成可推广的实践经验。

(2)探索建立红色文化教育资源库,形成红色文化融入幼儿园思想品德启蒙教育案例集,深入挖掘和利用其教育价值,形成家庭、幼儿园、社会共同参与的幼儿思想品德启蒙教育合力,引导幼儿感知、体验红色文化,传承红色基因,提升幼儿思想道德品质,促进幼儿德智体美劳全面发展。

(二)研究思路

本课题遵循习近平总书记关于红色文化的重要论述和新时代对思想品德教育的新要求,基于国家对幼儿思想品德启蒙教育的要求以及红色文化教育的有关要求,通过文献分析法、行动研究法、经验总结法、案例分析法等方法,从历史角度论证红色文化融入幼儿园思想品德启蒙教育的客观存在,并从理论逻辑角度进一步厘清红色文化融入幼儿园思想品德启蒙教育的核心内涵、基本特性及理论基础等,以此确立本研究的前提,同时,结合园所教育教学活动展开实践探索,分析其中存在的问题及原因,提出促进红色文化融入幼儿园思想品德启蒙教育由"理论"走向"实践"的深度研究策略。具体研究思路如下图所示。

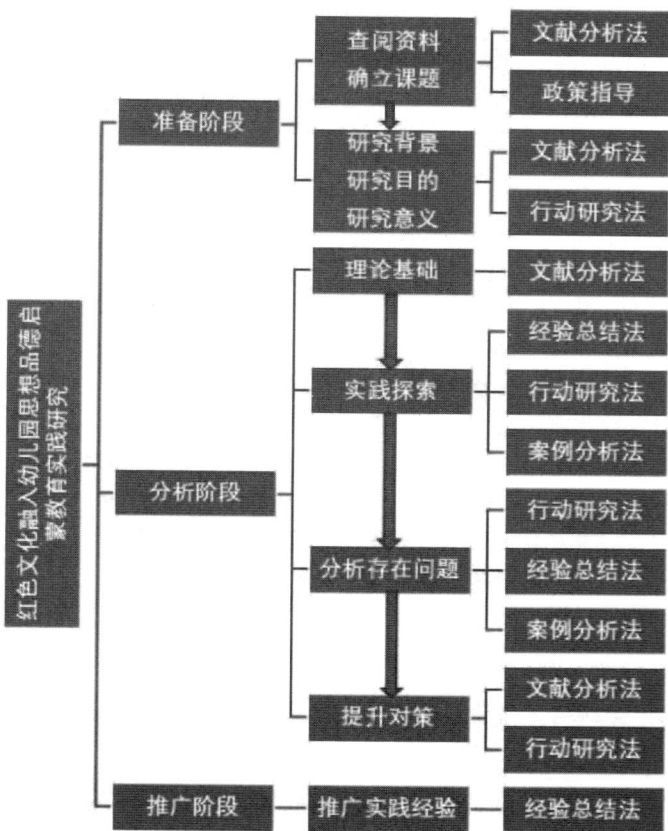

图 2-2

（三）研究方法

1.文献分析法。本课题通过对幼儿园红色文化教育以及当代幼儿思想品德教育等相关文献的收集、整理与分析，从中借鉴先进理论与实践方法，力求在红色文化作为社会主义核心精神的大背景下，结合园所的实际情况进行理论分析与教育教学实践探索，探索红色文化融入幼儿园思想品德启蒙教育的实践路径。

2.行动研究法。本课题综合运用多种研究方法与技术，解决本课题中出现的实际问题，与指导专家合作，将问题发展成为研究主题并进行系统的研究，由幼儿、教师、家长共同参与，将科学理论与教育教学实践相结合，在实践中研究，在研究中实践，从而达到解决问题的目的。

3.经验总结法。将幼儿园开展的红色文化融入幼儿思想品德启蒙教育实践活动进行归纳与分析，在实践与理论结合中，不断修正、完善实践策略，将其凝练总结为一般性、系统性的经验方法,形成可推广的实践经验。

4.案例分析法。以弘扬红色传统文化为前提,将思想品德启蒙教育渗透在日常红色教育实践当中,以讲故事、音乐、美术、儿童剧等教学活动为切入点,收集研究案例资料,通过系统整理、综合分析,总结形成典型案例集。

(四)可行性分析

随着我国发展进入新时代,关于红色教育与幼儿思想品德启蒙教育的研究日渐丰富,已有的研究为开展红色教育融入学前期儿童思想品德启蒙的研究提供了充分的研究基础和参照。

本课题的研究团队由幼儿园教师+高校教师组成,团队成员有丰富的学前教育教学实践经验,并主持或参与完成多项各级各类课题研究,具备丰富的课题研究经验。

西宁市保育院作为一所具有红色背景的幼儿园,具有开展红色文化教育的传统和经验,拥有大量有价值的红色文化教育资源,本课题以国家相关政策为导向,前期幼儿园已开展了红色文化融入幼儿思想品德启蒙教育的实践活动,为开展本课题研究提供了现实基础。

(五)特色及创新之处

1.特色。

(1)以西宁市保育院的红色背景为依托,将红色文化作为幼儿园开展思想品德启蒙教育的抓手,开展红色教育系列活动。

本课题依托西宁市保育院的红色背景和红色文化教育传统,将红色文化作为幼儿园开展幼儿思想品德启蒙教育的抓手,通过开展创设红色文化环境、讲红色故事、学唱红色歌曲、演绎经典红色戏剧等活动,培育幼儿爱党爱国的思想,引导幼儿践行社会主义核心价值观,实现传承红色精神,弘扬红色文化,以此促进学前幼儿思想品德的启蒙发展,并在实践和探索研究中形成幼儿园特色育人文化和机制。

(2)以帮助幼儿扣好人生第一粒扣子为目标,做到"寓教于乐,寓学于演",促进学前幼儿思想品德的启蒙发展。

本研究坚持以人为本和教书育人的教育理念,将红色文化教育与幼儿教育戏剧研究相结合,"寓教于乐,寓学于演",把红色文化融入到教育戏剧中去,引导幼儿在角色演绎中,学习革命历史,演绎英雄事迹,感受革命先辈们自强不息、艰苦奋斗的精神品质,最终让幼儿在红色文化教育下启蒙爱国思想,历练坚强意志,坚定理想信念,充实精神生活,升华思想境界,培养优秀品德,促进幼儿德智体美劳全面发展。

2.创新。

(1)观点创新:本课题提出,红色文化教育是开展幼儿思想品德启蒙教育的重要抓手,在幼儿园开展创设红色文化环境、讲红色故事、学唱红色歌曲、演绎经典红色戏剧等活动,有利于传承社会主义红色精神,弘扬社会主义红色文化,让红色文化在幼儿心中扎根,促进幼儿的思想品德教育,提升幼儿的思想道德品质,培养出具有优良道德品质的新时代"红孩子",使其成为德智体美劳全面发展的社会主义建设者和接班人。

(2)方法创新:本课题综合运用文献研究法、行动研究法、经验总结法、案例分析法等研究方法,将西宁市保育院开展的红色文化融入幼儿园思想品德启蒙教育实践作为研究对象,对其进行理论阐述和实践经验分析,从而提出具有推广价值的可行实践策略。多元方法的运用,确保了本课题研究的科学性、规范性、创新性。

(六)年度研究计划

本课题研究开展时间为一年,从2022年4月至2023年4月,研究共分为三个阶段:

1.第一阶段为准备阶段:2022年4月。

(1)确定课题,成立课题研究组。

(2)梳理课题研究内涵,形成开题报告。

2.第二阶段为研究实施阶段:2022年5月—2023年2月。

首先梳理相关研究理论,形成本课题研究的理论基础。

其次持续开展实践探索,边探索边研究总结。整个研究过程中,遵循计划—行动—考察—反思的基本环节,在研究中发现问题、解决问题,并形成中期研究报告。研究过程中注意收集整理典型案例、照片、访谈记录、反思随笔等过程性材料。

3.第三阶段为结题阶段:2023年3月—2023年4月。

撰写课题研究报告;整理各类资料,形成活动照片集、案例集、论文集、工作报告集等课题成果。

（七）预期研究成果

表2-2

成果名称	成果形式
《幼儿园红色文化教育研究》	论文
《西宁市保育院教学与研究实践》	案例集
《红色文化融入幼儿园思想品德启蒙教育研究报告》	研究报告
《西宁市保育院红色文化教育资源库》	课程资源库

四、研究基础

（一）与本课题有关的研究工作或成果

1.国家级课题。"幼儿园混龄区域自选活动的问题与对策研究"，课题采取班级区域活动与全院区域自选活动交叉进行的形式，在混龄儿童互动中，通过"以大带小""以强带弱""感染熏陶"等促进幼儿良好品德的形成。

2.国家级课题。"基于幼儿发展的儿童教育戏剧行动研究"，课题运用戏剧包含的诸多元素，如情境、情节、角色扮演、情感体验等，发挥教育戏剧在其形式、方法、目标等方面的德育特性，将其作为教育的手段或方法。

3.市级课题。"中华优秀传统节日与幼儿教育活动融合的探究"，课题提出，通过深挖节日文化的优良德育资源，抓住节日的核心意义，把握要点进行价值遴选，找准节日文化的精华，对幼儿进行启蒙教育，增强幼儿对中华传统文化的兴趣，培养幼儿健康情感与品德。

4.市级课题。"幼儿园德育与思政工作研究"，课题通过将中华传统文化、品德故事与红色文化传承进行相互融合，传承红色基因，不断升华"四爱三有"主题教育活动模式，引导幼儿树立爱国主义思想，播撒爱国种子，帮助其成长成才。

5.市级课题。"幼儿园小班游戏化美术教育活动的实践研究"，课题通过寻找幼儿园小班美术教学活动中常见问题的解决途径，有效促进幼儿语言、思维、审美、认知、情感、精细动作等发展，以命题绘画为切入口，提高幼儿道德认识，培育幼儿道德情感。

（二）已具备的研究条件和优势

1.研究条件。

（1）研究团队组成合理。课题组由西宁市保育院院长高红珊牵头，搭建高校教师+骨干教师为成员的研究团队，明确各自职责，形成研究合力，共同开展课题研究。

(2)已有研究提供支持。西宁市保育院历来注重教科研工作,教科研文化浓厚,教师参与积极性高,课题负责人高红珊课题研究经验丰富,先后主持完成"幼儿园混龄区域自选活动的问题与对策研究""幼儿园德育与思政工作研究等多项课题研究,且均已完成结题。

2.研究优势。

(1)幼儿园特色基础。西宁市保育院以"和而不同,乐学乐创"为办园理念,以"和睦快乐的绿色家园,智慧成长的红色学园,探索发现的蓝色乐园"为办园目标,以"为幼儿的美好未来奠基"为宗旨,科学设计"幼儿在园一日活动"。用爱和理解为儿童创造自主探究、快乐成长的环境,鼓励孩子们在快乐游戏中探索发现、合作交流,帮助他们成长为善思考、勇探究、会合作、乐创造的人。

遵循《学前教育发展纲要》和《3—6岁儿童学习与发展指南》精神,尊重幼儿年龄特点,以游戏作为幼儿园孩子的基本活动,让孩子"享受游戏、快乐成长";以混龄区域自选活动为载体,为幼儿创设开放的游戏空间、提供互动的游戏方式;将优秀传统文化与幼儿教育相结合,用丰富的活动让幼儿、教师、家长深入了解中华民族悠久的民俗文化、优秀的传统文化、特色的地域文化等。

作为一所有着红色基因背景的省级示范幼儿园,保育院通过"缅怀先烈,传承红色精神"清明节主题活动、讲红色故事、观看红色电影、"感党恩、听党话、跟党走,做党的好娃娃"系列活动等将红色文化渗透到对幼儿的教育教学活动中,利用红色文化环境的创设潜移默化影响每一个孩子,取得了鲜明的育人成效和广泛的社会影响力。

(2)研究保障基础。课题研究团队保障:近年来,我院通过全市教师招聘等方式聘入大量高学历高素养的教师,多项课题研究的开展使教师教科研水平得到大幅提升,院长高红珊正在参加由教育部幼儿园园长培训中心举办的为期两年的全国优秀园长高级研究班的学习,在她的带领下,在全院教师的努力下,我院教师的教科研水平得到进一步提升。本课题由西宁市保育院院长高红珊牵头,高校教师和五名年轻骨干教师为组员组成课题研究团队,为课题研究提供了有效人员保障。

课题管理制度保障:西宁市保育院制定了符合本园实际的课题推进计划,在计划中首先对幼儿园的人、财、物等资源进行分析,形成课题主持人牵头,课题组其他成员辅助完成的课题推进计划。有完善的课题研究管理制度,根据课题实际需求,不断调整和完善课题研究管理制度,并定期检查制度的执行情况,管理过程人性化与严格化有机结合,提高管理的灵活性和适应性,为课题研究的开展提供保障。

教师专业发展保障:课题研究的开展与推进离不开全院教师的支持与实践,根据教师在研究实践过程中的需求,西宁市保育院统一开展专题培训,培训的内容来自教师实践中遇到的困难,培训的方式贴近教师需求,培训机制具有自主选择性,培训目标指向教师课题研究能力和实践技能等专业素养的发展提升。

合作平台建设保障:西宁市保育院是青海民族大学、青海省戏剧协会等多家单位的实践研究基地,长期与以上单位合作开展课题研究、教学研讨、人才培养等实践探索,建立了良好的合作机制,通过整合平台资源,有利于保障本课题研究的深度开展。

五、红色文化融入幼儿园思想品德启蒙教育的理论基础

(一)概念界定

1.红色文化。

2.红色文化教育。

3.思想品德启蒙教育。

(二)学前教育相关理论

1.学前儿童发展理论。

2.幼儿园课程理论。

3.幼儿园德育理论。

(三)思想品德启蒙教育相关理论

1.启蒙教育相关理论。

2.马克思思想品德教育理论。

3.中国特色思想品德教育理论。

六、红色文化融入幼儿园思想品德启蒙教育的实践探索

(一)红色环境创设实践

1.我和我的祖国文化墙。

2.了不起的中国人照片墙。

3.教室环境中的红色文化元素。

（二）红色集体活动实践

1.听故事:学历史。

2.唱红歌:听童谣。

3.画国旗:爱祖国。

4.看电影:识英雄。

（三）红色区域活动实践

1.红色儿童剧创编。

2.革命小英雄角色扮演。

3."长征路上"主题区搭建。

（四）红色主题活动实践

1.学雷锋主题活动。

2."童心向党趣味探险"主题活动。

3.网上祭奠英烈主题活动。

4.红色博物馆参观活动。

（五）红色文化进家庭

1.面向家长开展红色文化教育活动。

2."红色妈妈讲党史"活动。

3."唱支山歌给党听"活动。

七、红色文化融入幼儿园思想品德启蒙教育存在的问题及原因

（一）存在的问题

1.课程资源开发的问题。

2.教育教学活动中的问题。

3.教师专业素养的问题。

4.家园共育的问题。

（二）原因分析

1.幼儿园层面的原因。

2.幼儿园外部因素的原因。

3.教师层面的原因。

4.家长层面的原因。

5.幼儿层面的原因。

八、提升红色文化融入幼儿园思想品德启蒙教育的对策

1.幼儿园完善红色文化教育机制建设。

2.教师提升红色文化教育专业素养。

3.家长增强红色文化教育积极参与度。

4.社会营造红色文化教育浓厚氛围。

幼儿园语言教育行动研究

一、研究的主要问题

为促进幼儿园语言教育中传统文化元素应用多样化、歌谣运用系统化,基于当前幼儿园语言教育中中国传统歌谣的研究较少、研究针对性不强、不具备系统性等问题,本课题运用行动研究的方法重视挖掘不同民族、不同地区、不同风格的中华传统歌谣融入幼儿园语言教育的实践策略,丰富幼儿园语言教育资源,探索传统歌谣在幼儿语言教育中有效融入的实施途径,在实践中不断优化调整实施方法,提升中华传统歌谣在幼儿园语言教育当中的运用水平,促进幼儿语言能力的发展。

二、研究重点、难点和创新

研究重点:歌谣在幼儿园语言教育中的实践,依托《3—6岁儿童学习发展指南》中语言领域的核心价值"倾听与表达",艺术领域的核心价值"表现与创造",提高幼儿诵、读、讲述、创编、吟唱、表演的能力和技巧。

研究难点:从古至今,不同地区、不同民族都有大量的歌谣,教师在教学内容上要注意去其糟粕取其精华,选择积极向上有正面教育意义的歌谣进行教学。民族歌谣中的"方言"幼儿理解起来可能会存在困难。歌谣中出现古老的事物,现代幼儿没有接触过,如"包帘饺子""盖花楼""惊堂木"等,幼儿可能存在理解困难。

课题创新:将有韵律感的歌谣与幼儿园语言教育、艺术教育结合起来,将优秀传统文化传承具体化,促进幼儿园教育教学中传统文化元素的多样性。在幼儿园教学活动中,将音律与音乐、律动与语言表达结合起来,促进幼儿学习传统文化的积极性。

三、研究方法

1.资料文献法。依托图书、报刊、著作等,借鉴相关理论及经典案例、成功做法等,收集、检索国内相关研究成果,为课题研究提供必要的理论基础。

2.行动研究法。行动研究属于实证研究,与其他研究相比较,教师的执行力更强。实施研究活动时,采用"预设计划→实施计划→回顾反思→调整计划→再实施→再反思→进一步调整"的研究方法,及时总结经验,调整、完善计划,同时通过深入课堂听评课、课题组课例研讨活动、教研活动、观摩课等,不断调整与优化教学活动,开展分析研究,为课题研究提供丰富的研究素材。

3.个案研究法。通过对随机抽取的幼儿个体样本进行深入观察、调查,分析研究其在实践中的具体表现并记录,积累资料加以理性分析,为课题研究和幼儿语言教学活动提供改进方法。

4经验总结法。对课题研究的各阶段及全过程进行分析、概括,较系统科学地总结经验、提炼成果、推广成果。

5.问卷调查法。利用问卷探索带有普遍性的问题,借助现代教育技术,进行数据统计和分析,为研究课题提供事实依据。

四、学术价值

本研究在总结和吸收已有理论的基础上,结合幼儿园教育教学实践,运用行动研究方法,对幼儿园开展的一系列运厅中华传统歌谣进行幼儿语言教育的活动进行实践经验的总结提炼,充实并丰富幼儿园传统文化教育、语言教育、艺术教育的相关理论。

本研究有助于完善学术界关注的幼儿园中华传统歌谣在语言教育活动中的价值与实施方式,促使研究者、幼儿园、幼儿教师乃至家长合作探寻幼儿教育之道、中华传统歌谣教学之法,更有利于《幼儿园教育指导纲要》《3—6岁儿童学习与发展指南》等国家学前教育政策纲领性文件提出的一系列教育精神与教育理念的落实。

五、研究过程

第一阶段:2022年3月:准备阶段。

确定课题小组及人员分工、课题研究对象。

第二阶段:2022年4月—2022年12月:实施阶段。

2022年4月—2022年7月:探索实施歌谣吟唱、院内表演。

2022年8月—2022年12月：实施歌谣吟唱、诵读等舞台表演。

第三阶段：2023年1月—2023年3月：反思总结。

在反思总结的基础上整理课题资料，形成研究报告完成结题。

六、研究意义

（一）理论意义

目前，中华传统歌谣被广泛运用与推广于幼儿园教育教学中，但是中华传统歌谣在幼儿园语言教育中的应用研究还不是很充分。本研究从幼儿语言教育的视角出发，重新审视中华传统歌谣所蕴含的审美价值与教育功能，将中华传统歌谣与幼儿园语言教育紧密结合起来，着力探讨中华传统歌谣在幼儿园语言教学活动中有效融入的目标、内容、过程、方法及评价方式等的实践现状，并提出思考与合理化建议，为进一步丰富有效运用中华传统歌谣开展幼儿园语言教学活动，促进幼儿语言能力发展提供理论依据。

（二）实践意义

1.通过课题研究，促使幼儿教师进一步重视和挖掘中华传统歌谣的教育价值，将课题研究与教学实践相融合，提升教师教育教学实践能力及教科研水平，形成幼儿园特色化育人实践经验。

2.通过课题研究，探寻运用中华传统歌谣开展幼儿园语言教育活动的策略、途径与方法，有效发挥中华传统歌谣对幼儿语言能力发展的重要作用。

（1）提高幼儿的语言运用能力：①有利于培养幼儿的早期阅读能力。歌谣词汇浅显易懂，且语境轻松愉悦，具备幼儿主动参与阅读活动的前提。比如："谁的尾巴长？谁的尾巴短？谁的尾巴像一把伞？"亦歌亦谣，轻松有趣的语言，引领幼儿主动参与到阅读活动中来，奠定幼儿的语文素养基础；②有利于培养幼儿的诵读技巧。歌谣极具韵律感，强烈愉悦的节奏，使幼儿在朗读诵读时跟随节奏，不拖长音，抑扬顿挫，能培养幼儿的诵读技巧，使手眼耳三统一，促进感官教学；③提高幼儿的口语表达能力。在吟唱、诵读歌谣的基础上进行口头小作文练习，让幼儿学习有序看图，用丰富的词汇，完整连贯地讲述图片内容。

（2）引导幼儿用心灵感受美、发现美，用自己的方式表现和创造美。歌谣内容中美好的事物、情境用富有韵律的语言表达出来，让幼儿感受、欣赏美好的物与事，培养幼儿感受美、发现美、创造美的实践能力。歌谣语言的韵律节奏，引发幼儿共鸣，幼儿学习用自己的方式（仿编、创编）表现美。

（3）调节幼儿情绪,引导幼儿在传统歌谣吟唱、诵读、表演中身心愉悦情绪良好地与同伴交往,提升幼儿情感表现力及社会交往能力。

3.通过课题研究,形成一套较系统完善的中华传统歌谣在幼儿语言教育中融入的应用经验,进一步指导教育实践,总结与梳理的研究成果可进一步推广,为其他园所的教学实践提供借鉴参考。

七、预期收益

1.提升幼儿口语表达能力,培养阅读、表达、吟唱等综合素养,为顺利进入小学打好基础。

2.课题组成员完成以课题为中心的论文,在公开刊物发表2—3篇研究论文。

3.收集、整理、提炼优秀歌谣,编印园本教材,在教学中推广使用。

4.在"幼小衔接"具体实践措施中,加入课题的部分内容(诵读、口头作文),丰富"幼小衔接实施策略"的具体实践。

5.充分发挥省级示范园引领示范作用,开展"中华传统歌谣展演"全市观摩活动,大力弘扬传承中华优秀传统文化。

八、研究保障

(一)曾经完成的课题

1.主持完成市级课题"小班幼儿游戏化美术教学初探"(2016年结题)。教学成果形成园本教材,用于园所教学。

2.主持完成国家"十三五"课题"幼儿园混龄区域自选活动的问题与对策研究"(2019年结题)。探索出了具有本院特色的"区域联动"模式,在全省推广并得到我省幼教人高度关注。

3.主持完成市级课题"中华优秀传统节日与幼儿教育活动融合的探究"(2020年结题)。目前已形成课题教案集、方案集,论文集等成果。特色品牌活动——"保育院里逛庙会"以"亲子活动"形式开展,家长与幼儿共同参与,"大手拉小手"达到了教育的目的。

4.参与完成市级课题"幼儿园德育与思政工作探索"(2020年结题)。结合习近平总书记关于思政教育的重要讲话精神,为青年教师设立"思政导师",努力提高青年教师政治站位,提升青年教师政治理论素养。"思政导师"有效推进了青年教师政治思想水平和业务的提升,举措精准高效,实效显著。目前,园所青年教师已有2人入党,2人成为入党积极分子,4人走上了年级、班级的管理岗位。

（二）研究能力

本课题成员由6名教育一线管理者及教师组成,有丰富的幼儿教育教学及研究经验,团队成员均参与过省、市级课题的研究工作,课题组全体成员在过去的课题研究实践中掌握了课题研究的基本方法,有数篇论文、教学设计在国家核心期刊发表或全国、省、市论文评选中获奖。课题主持人组织参与了多个国家、市课题的研究,幼儿园教科研制度健全、运行规范、育人和研究氛围浓厚,开展课题研究具备良好现实基础。

（三）科研手段

同伴互助:以我院"青蓝工作室"为抓手,以课题组成员为核心,组织各年级骨干教师组成"同伴互助"研究团队,谋划课题研究,延展研究载体,取长补短,形成合力。

专家引领:邀请高校教师、幼教专家来院,一是开展专家讲座,纠正研究误区,提升研究水平。二是实地听课、观看幼儿表演等,找问题、差距,解疑问、困惑,确定下一步研究目标与方向。

实践研究:设立实验班级,组成教师团队,收集中华传统歌谣,开展实践研究。实践研究过程中,以预设—实施—反思—讨论—实践—提升为主要环节,团队研究,集思广益,反复论证,分阶段实践探索,最后在全院推广,确保课题研究取得实效。

（四）成果分享

1.实验班级以观摩课、研究课等形式展示研究成果。

2.2021年"六一"儿童节,结合建党100周年、建院70年童话剧展演活动,穿插表演"中华传统歌谣",一是展示研究实效,二是弘扬中华传统文化,三是听取多方意见,促进下一步研究工作开展。

3.预计2022年12月开展一次全市观摩展示活动。

（五）项目分工

高红珊:西宁市保育院高级教师;研究专长:学前教育;课题组内分工:主持并规划课题研究。

范艳:西宁市保育院二级教师;研究专长:学前教育;课题组内分工:制定研究方案、撰写研究报告。

李婷:西宁市保育院二级教师;研究专长:学前教育;课题组内分工:课程实施。

陈雪莹:西宁市保育院二级教师;研究专长:学前教育;课题组内分工:资料收集、数据分析。

胡占钰:西宁市保育院二级教师;研究专长:学前教育;课题组内分工:课程实施。

李芝颖:西宁市保育院教师;研究专长:学前教育;课题组内分工:研究综述、资料收集。

九、研究成果

表2-3

序号	完成时间	最终成果名称	成果形式	预计字数	参加者
1	2023年3月	《中华传统歌谣融入幼儿园语言教育的现状及问题与对策》	论文	5000字	课题组成员
2	2023年4月	《中华传统歌谣融入幼儿园语言教育研究报告》	研究报告	20000字	高红珊
3	2023年4月	幼儿中华传统歌谣舞台表演	诵读、表演		课题组成员

幼儿园早期阅读活动研究

一、选题意义及创新点

(一)选题意义

1.理论意义。教育部颁布的《3—6岁儿童学习与发展指南》中明确指出要"激发幼儿的阅读兴趣,培养阅读习惯",早期阅读对幼儿教育有着独特的价值和意义。纵观国内外文献,对农村幼儿园早期阅读的研究比较少,因此本研究选择某农村幼儿园作为研究对象,旨在揭示农村幼儿园早期阅读的现状与问题,进而探讨解决对策。本研究具有以下理论意义:①对丰富农村幼儿园的早期阅读研究有一定的价值。②对发展农村幼儿的语言教育有一定的意义。③能科学地帮助农村家长树立正确的阅读观念。

2.现实意义。《幼儿园教育指导纲要(试行)》第一次明确把幼儿早期阅读方面的要求纳入语言教育的目标体系中,并提出:培养幼儿对生活中常见的简单标记和文字符号的兴趣,利用绘画和其他各种方式引导幼儿对阅读书籍和书写产生兴趣,培养前阅读和前书写技能,以此为幼儿"一生的发展打好基础"。本研究通过调查某幼儿园早期阅读活动的现状,对幼儿阅读活动中存在的问题进行分析整理,总结出影响幼儿早期阅读兴趣和水平的因素,并针对性地提出切实可行的建议和措施,具有丰富的现实意义:①为幼儿园有效开展早期阅读活动提供了参考。②有利于促进幼儿的认知发展,激发幼儿的阅读兴趣,培养幼儿的阅读能力。③对提高教师的阅读教学水平有一定的推动作用。

（二）创新点

本研究的创新之处在于:以"农村早期阅读"为突破点,通过调研农村地区幼儿园的早期阅读现状,来探究教师因素、幼儿园因素及家园合作对幼儿早期阅读的影响,为揭示当前农村幼儿早期阅读的现状提供参考,同时对丰富农村幼儿园的早期阅读研究及发展农村幼儿的语言教育有一定的价值。

二、国内外相关研究

（一）国外研究现状

1.对国外早期阅读相关计划和政策的研究。1995年美国进行基础教育改革,提出了"暑期读写计划",要求孩子每周必须有五天的阅读安排,每天读写30分钟,每周至少与成人共同阅读一次。1997年,"美国阅读挑战"运动,旨在帮助儿童在三年级结束前具备独立流畅的阅读能力。2002年美国通过《不让一个孩子掉队》法案,作为教育改革的基础,以提高儿童的阅读能力。此外,英国政府提出"素质教育国家策略",力图打造一个"阅读型"国家。日本、荷兰、新西兰等国家也非常重视幼儿的早期阅读,纷纷提出与之相关的法案。

2.对国外早期阅读理论的研究。哈佛大学的学者以3—19岁的阅读者为研究主体,经过长期研究发现幼儿的早期阅读水平和他们在今后的阅读能力、学术成就等方面有很大的相关性。因此,建立早期阅读行为、培养阅读动机、阅读习惯、阅读方法都会对幼儿未来的发展产生重要影响。

以著名儿童语言学家凯瑟琳·斯诺为首的美国早期阅读教育委员会,经过三年的系统研究,就美国的早期阅读教育问题提出了"早期儿童阅读教育目标"。此目标包括三个阶段:第一阶段0—3岁儿童阅读能力要求,如知道书怎么拿,开始建立与主要的养育者共读图书的习惯等;第二阶段3—4岁儿童阅读能力要求,如理解母语文字是一种特殊类型的视觉图像,每个字都有独特的命名,能够辨认周围环境中的一些印刷文字等;第三阶段5—6岁儿童阅读能力要求,如能够复述、扮演或表演完整的或是部分的故事情节,注意倾听教师给全班念的故事等。

从以上研究成果来看,国外文献中关于早期阅读的研究主要集中在探讨早期阅读的价值和构建早期阅读的理论上。其中国外关于早期阅读的理论研究为改进我国的早期阅读教育教学提供了借鉴。

(二)国内研究现状

1.对幼儿园早期阅读现状的研究。李麦浪的《2—3岁婴幼儿阅读的特点及影响因素的分析》认为,主观因素和客观因素是影响幼儿早期阅读活动的最重要的因素。其中主观因素包括幼儿自身的阅读兴趣、阅读技能和已有经验等,客观因素包括家庭和相关幼教机构的阅读作品、阅读环境与为幼儿提供阅读指导等方面。

2.对幼儿园早期阅读环境的研究。李燕芳、董奇的《儿童早期读写能力发展的环境影响因素研究》认为,社会文化环境、家庭环境、幼儿园读写环境是影响幼儿早期阅读活动的重要环境因素。其中,幼儿园的物理环境、师生之间进行的读写活动、幼儿自己开展的读写活动这三个方面对幼儿的早期阅读有着深刻的影响。

郑蓓丰、陆秋红《让墙饰成为幼儿阅读的好伙伴》指出,要充分利用幼儿园的室内环境,尤其要让墙饰成为幼儿阅读的好伙伴。许晓蓉的《幼儿早期阅读指导策略浅探》认为,要为幼儿的早期阅读创设适宜的阅读环境,她提出了三种创设适宜阅读环境的方式,分别为建立立体阅读墙、设置自主阅读区、建立亲子图书室。

3.对幼儿园早期阅读材料的研究。张玥红的《早期阅读材料的选择》依据精细加工策略,将早期阅读材料分为儿童生成性阅读材料和成人引导性阅读材料,扩大了阅读材料的形式,使阅读材料丰富多样。贺红、蒋蕙《多元化早期阅读材料的研究》认为,凡是进入儿童眼中的各种动态的、静态的、带有文字、符号的视觉信息均可以作为早期阅读的材料,可以称为多元化早期阅读材料。朱润鱼、袁宝英《3—5岁幼儿早期阅读材料的选择与指导实验研究》对早期阅读材料的选择与指导做了实验,得出的结论为教师立根据幼儿的不同年龄特征选择适宜的阅读材料,应该选择画面生动形象、色彩鲜艳、图文并茂、字体较大、有重复词句、内容贴近幼儿生活经验的图书。

4.对幼儿园早期阅读中教师指导阅读的研究。金小梅的《浅述早期阅读教育中的教学策略》针对早期阅读教学提出了4种教学策略:①运用联想策略,开展学前阅读活动,以此引发幼儿关注书面语言;②运用语义策略,引导幼儿探索识字规律;③运用复述策略,培养幼儿表达书面语言的能力;④运用表象策略,培养幼儿书面表达能力。张明红的《从信息加工心理学理论看早期阅读教学策略》从信息加工学理论的角度提出教师指导幼儿阅读的4种策略:复述策略、精加工策略、组织策略和认知策略。

于海燕、解凌的《试论情境表演与幼儿早期阅读》认为,早期阅读活动的开展应借助情景表演法,即"借助表演的形式将阅读内容的全部或部分展示在幼儿面前,由此激发幼儿的阅读兴趣,引发幼儿对阅读内容的探究"。王文静、罗良的《阅读与儿童发展》指出在阅读教学中,教师不仅要对阅读课程充分了解和掌握,还要对教育学、心理学有相当的研究,以便更有效地指导幼儿阅读。

通过梳理国内文献可知,目前我国有关幼儿园早期阅读的理论研究比较丰富,研究者研究的角度逐渐拓宽,研究范围逐渐广泛,研究的问题也更加具体深入。但已有研究中仍存在一些不足,比如在研究地区上,对农村地区幼儿园的早期阅读研究较少;在研究主体上,关于幼儿园早期阅读的相关研究大多是基于教师个人因素和幼儿园因素,而忽视了家园合作因素和幼儿因素。本研究将通过探讨农村地区幼儿早期阅读活动的现状,从幼儿园、教师、家园合作及幼儿自身方面反映幼儿园早期阅读活动中存在的问题,并提出改进的建议。

三、研究方法

据本课题的研究方向,主要运用文献研究法、问卷调查法、访谈法、观察法对此论题进行分析研究。

1.文献法。文献法是指通过阅读、分析、整理有关文献材料,全面、正确地研究某一问题的方法。本研究通过查阅有关书籍著作、研究报告、学术期刊及学位论文等文献资料,大量收集整理有关早期阅读方面的研究资料,并借鉴国内外有关早期阅读的相关研究成果,作为本论文的理论基础。

2.问卷调查法。问卷法是研究者用控制式的问题对所研究的对象进行度量,从而收集到可靠的资料的一种方法。问卷法大多用个别分送或集体分发的方式发送问卷,由被调查者按照表格所问来填写答案。在本研究中会向教师、家长发送问卷,问题维度主要涉及幼儿园早期阅读环境、师资培训、教师阅读教学指导及家园合作四个方面。

3.访谈法。访谈法即访问者直接向受访者提问让其回答,之后收集资料的方式。在此次研究中,主要采取个别访谈法,选取对象为幼儿园教师。为此将采用设计好的访谈提纲严格进行访谈,收集有效资料。

4.观察法。观察法是有计划、有目的地借助感官或辅助仪器,对客观事物进行系统感知,从而获得经验事实的一种研究方法。在本次研究中观察幼儿园阅读环境的创设,观察幼儿的阅读情况,及时进行记录分析。

四、研究设计

本研究共有五个部分,每个部分具体内容如下。

(一)引言

1.研究目的和意义。

2.文献综述。

3.相关概念的界定。

4.研究对象和方法。

(二)幼儿园早期阅读活动的现状调查

1.幼儿园早期阅读环境的现状。

2.幼儿园早期阅读教学、教研及教师培训的现状。

3.教师对早期阅读的认识与态度。

4.教师早期阅读教学指导的现状。

5.早期阅读活动中家园合作的现状。

(三)影响幼儿园早期阅读活动的因素分析

1.幼儿自身。

2.幼儿园方面。

3.教师方面。

(四)幼儿园早期阅读活动的对策与建议

1.幼儿园方面。

2.教师方面。

3.支持因素。

"幼儿园混龄区域自选活动的问题与对策研究"中期推进方案设计

为将我院打造成"高品质、有特色、创一流"的优质院所,我们立足本院实际情况,科学设置课程结构,开展"区域联动"特色教学活动。让区域活动"活"起来是我们追寻的宗旨;让幼儿在活动中"动"起来是我们的根本目标;让幼儿之间、师生之间,建立良好的互动关系实现共同发展是我们探索的最终目的。为推进我院开展"幼儿园混龄区域自选活动的问题与对策研究"顺利展开,课题组制定了如下推进的具体措施,以保证课题顺利实施。

一、找准联动的内核

要联动,教师必须根据教育目标和幼儿发展水平有目的地创设活动环境、投放活动材料,让幼儿按照自己的意愿与能力,以操作摆弄为主要方式进行个别化的自主学习活动。同时区域活动与课程的主题活动相互渗透、相互融合,使区域活动真正促进主题活动的发展;它可以对已有的主题知识加以巩固,可以对孩子们意犹未尽的活动做进一步探究,让幼儿在主题中获得更多直接、有效的经验,享受区域活动的乐趣。同时关注每种材料的投放、玩法,类似的材料需要有相同的主题背景,才能够唤起幼儿的共鸣,唯有找到内在核心点,才是联动的关键所在。

二、打造联动的环境

(一)班级环境创设

根据幼儿的年龄特点、认知能力、兴趣需求,班级空间特点,合理进行空间分隔和布局,避免动区和静区相互影响。做出整体的安排,既要考虑到幼儿之间能相互交流、共同合作,又要注意各班彼此之间设置的区域不同,为区域联动打好物质基础。教师站在幼儿的立场上进行规划和设计,采用固定与灵活设置相结合的方式,创设丰富多彩的、多功能的、具有选择自由度,但又各不相同的区角,因为幼儿经验不同、兴趣不同,班级资源不同,应给予每个幼儿自由选择的机会。区域之间要联动,如将自然角与益智区、阅读区、美工区相邻设置可以将自然角里的观察活动与阅读活动、科学认知、艺术表现有机融合;美工区与阅读区相邻,可以将阅读、创作、审美、讲述等活动有机结合,融为一体。

(二)公共区域创设

设置"公共区域"时教师要考虑区域的功能,因地制宜地分设室内公共区域和户外公共区域。在区域联动的过程中,我们将区域环境和班级环境分别打造成生活体验区、演艺区、益智区、建构区、科学区、阅读区、美工区、比拟世界、健康运动区等。

公共区域活动的开展是以全院为单位,活动主体是全院幼儿,区域的材料全院共享,指导教师可以是本班教师,也可以是某个区域固定的指导教师,活动方式以轮流的方式为主,幼儿分不同时间段进入区域开展活动。

三、投放联动的材料

皮亚杰提出:"儿童的智慧源于材料。"区域活动的教育功能主要通过材料来实现。对教师来说,材料是教育目标和教育内容的物化体现,对幼儿来说,材料是主动建构经验和认识周围世界的中介和桥梁。材料的合理选择和投放是开展区域活动的前提和保障。

(一)活动材料分析

1.根据材料的功能进行分类:主体材料、辅助材料、工具。

2.根据材料的性质进行分类:成品材料、半成品材料、自然材料。

3.根据材料的结构进行分类:

(1)高结构材料:有固定的结构和相对固定的玩法和规则的材料,如益智区的棋类、拼图,数学区一一对应的操作卡等。

(2)底结构材料:玩法和规则较少,可以灵活操作的材料。如建构区的各种积木和插塑等。

(二)投放适宜的材料,分析材料价值,让材料物尽其用

1.教师要熟练把握各年龄段幼儿的特点,为其投放适宜的材料,或结合幼儿特点挖掘材料的多种玩法。

2.根据幼儿活动情况,教师要及时调整材料的组合或位置关系,引发幼儿新的活动,活动中,教师要观察幼儿的活动情况,及时补充、调整、增减材料。还可以根据各区域活动的需求随机投放所需材料。教师若发现材料投放的不妥之处,及时提出建议进行修改,班级投放材料如果孩子不感兴趣了,可以暂时收起或投放到大循环区域中,使区域活动的开展更能适应幼儿的发展。

（三）有层次地投放材料

教师为幼儿投放适合各年龄段幼儿发展的活动材料。

1.为不同年龄段的幼儿投放不同层次的材料。各年龄段幼儿发展水平不同、思维特点不同，自然对区域材料和操作的要求不同。如建构区的积木：小班以多彩的、形状较简单的软积木为主，数量几十块；中、大班投放木制的形状复杂的积木，数量可以上百块。

2.为相同年龄段不同发展水平的幼儿投放不同层次的材料。如美工区的剪纸材料，对于动手能力较弱的幼儿，可以提供画好短线的纸，让幼儿一刀剪断，对于动手能力较强的幼儿，可提供长线的纸或曲线的纸，曲线可以由简单到复杂，图案可以由大到小。

3.相同的材料操作熟悉后，难度层次的提高。增加材料的层次性，对原有材料进行抽取或添加，适时增加材料对幼儿的挑战。

四、唱好联动的前戏

区域联动活动中，幼儿必须先熟悉各区的位置和材料，这是唱好联动的前戏，采取分层次、分阶段、递进的方式进行尝试。

（一）围绕教育目标，分层次开展区域活动

1.以"班级"为单位进行区域活动，使幼儿熟悉本班的区域材料、规则及摆放和操作玩法，积累经验，要求教师注重观察指导，做好每日一名幼儿的观察记录，发现问题及时纠正。待幼儿掌握区域活动的方法和流程，熟悉材料摆放位置懂得活动玩法后，开始区域联动。

2.大带小的形式开展区域联动。

3.大中小混龄自选形式下开展区域联动。

4.区域联动开展时间：每周一、四上午10：30—11：20；下午16：30—17：00。

（二）全院联动

根据幼儿自己的喜好和能力选择自己喜欢的活动，孩子们自主选择班级、区域、材料。在自主的活动中动手动脑，给孩子充分活动的机会，以及更多的选择，独立自主地去观察、操作、发现，从而认识问题和解决问题，增强幼儿的自信心，体验活动的成功与快乐。

五、诠释联动的真谛

全院联动，建立新型的互动关系，促进师幼共同成长。

（一）同伴间互动

在区域联动活动中，不仅教师与幼儿之间是平等的互助关系，而且幼儿与幼儿之间也存在着同样的关系。幼儿根据自己的兴趣需要自主选择活动内容、活动空间和活动伙伴，有利于幼儿在更大范围内进行有效互动。发展幼儿的交往能力、适应能力、语言表达能力。联动给予了幼儿更广阔的交往空间，让他们在多元化的互动环境中主动探索、相互学习、交流、模仿，全面提高幼儿各方面的能力。

（二）师幼的互动

在活动中，教师是"催化剂"，要善于捕捉幼儿在活动中出现的新兴趣、新导向。在活动中教师的任务不光停留在材料的提供上，还要适时给予适当的启发、引导、激励，让幼儿积极主动地活动，让他们有更多的机会自己去发现、总结，促进幼儿自主性的发展。

1.幼儿为主导。在联动活动中，教师必须按照幼儿的身心发展需要来建立彼此的关系，从而共同展开活动。尊重幼儿的想法和建议，如"你们觉得我们班应该创设怎样的区角来吸引别的班的小朋友呢？别的班的小朋友到我们班来游戏，我们该怎样做呢"？充分调动幼儿的积极性，与幼儿一起创设环境、收集材料。

2.规则共制定。在规则的制定上，发挥幼儿的积极性，让幼儿参与制定规则，要比老师说了算更加容易被幼儿所接受。因此，在互动前，教师要和幼儿一起制定合理的规则，如进入别的班级后的礼貌，活动中的规则等，都要预先和幼儿一起制定好，督促幼儿认真遵守，有效促进活动的开展。

3.矛盾共应对。在区域联动中，孩子们都来自不同的班级，教师对于这些"小客人"，要主动"蹲下来"成为他们的伙伴，甚至以玩伴的角色介入。联动活动，由于经验的不同，各班幼儿的差异，幼儿与幼儿之间多少会出现这样那样的小摩擦、小矛盾。如角色的争抢，活动器械的争抢，对同一问题出现分歧等。这就需要教师做一个敏锐的观察者和积极的促进者，给予正确的引导和调节，推动幼儿间更有效的互动交往。

（三）师师的互动

结合教育目标，站在幼儿的立场进行规划和设计，制定出班级区域规则，让规则自然入心。以规则标识为界限，建立秩序，保障自由。联动时需要不同班级的教师"心往一块想，劲往一处使"，需要各班教师的共同谋划。

1.选区、进区规则。

(1)选区:根据自己的意愿选择区域;鼓励幼儿选择不同的区域,尝试不同的活动;遇到自己想玩的区域人数已满时则选别的区;遇到问题时自己解决,实在解决不了时老师再介入指导。

(2)换区:幼儿换区时,先观察区域人数是否已满,如是则轻声与人商量再交换;在换区前应先整理好正玩的区域的材料,归位摆放整齐。

(3)材料整理:根据材料的用途、性质等进行分类,并有固定的容器盛放;利用不同标识符号将材料整齐、有序摆放、归位。

2.区域活动中的规则。师生一起找出各区域活动中的规则共性,制定出适合各个区域活动的规则。如取放材料要有序,不多拿、多占;轻拿轻放,爱惜操作材料;不争抢操作材料。

3.在区域联动前期,每位教师都要一起教研,从环境的创设、材料的投放方式、进区牌的制作、每次互动的人数、活动中的指导等,大家都要共同商讨、定夺。

4.在每次活动前,教师都应一起制订详细的计划,严格按照计划执行。对于每次活动都要认真观察,及时记录活动中出现的问题。其方法有:随机观察、跟踪观察、幼儿自我记录。形式有文字、表格、照片和DV。

5.在下周的教研活动中,先总结上周"区域联动"的经验即出现的问题,再针对问题开展研讨,提出有效的方案。通过研讨—实施—再研讨—再实施的方式,提高教师的教研水平。

总之,区域联动的开展要求教师全身心地投入到活动中去。集思广益,献计献策,对于区域活动的观察和指导教师要注意用"心"和用"行",用心观察,用行指导,使孩子在参加活动的过程中放开手脚。教师做个有心人,善于发现,勇于创新,师生就能共同成长发展。

教育随笔案例篇

写给我的一首诗

2013年4月,我接到局党委任命,担任西宁市第一幼儿园、西宁市保育院党总支书记、副园长,接到任命,心中涌起无限感慨。

1988年7月大学毕业之后,我一直活跃在课堂上,教室、讲台、学生是我的最爱。骄人的成绩也是我的资本,我从郊区学校调到西宁七中,从七中到西宁市教育局挂职,之后开始担任校级干部。所有这些离不开领导们的教导,离不开同事们的帮助,我自己也是一步一个脚印,走出了自己的天地。可是我有很多不舍,这届学生即将毕业,我们班的物理成绩一直是全年级第一,交给别人我怎么能放心,怎么办?

周末我悄悄收拾了物品,离开自己工作了三年的学校,回家后,我准备了很多要送给孩子们的礼物,想找空送给他们。

过了半个月,我回来看我的领导、同事和孩子们,我静静站在教室后门,悄悄观察他们,想把他们刻在我的心中,永远永远! 下课了,孩子们见到我,惊呼之后,上来拥抱我,一圈又一圈,大家又哭又笑,上课铃声响起,没人离开,来上课的老师默默退出,把这相聚的时刻留给了我们这些沉浸在思念中的师生。不知过了多久,我们终于归位,我站到了讲台上,我心中最神圣的地方,看着台下那些我心中最牵挂的孩子们,止不住地流泪,不断地擦,不断地流,最后所有的孩子站起来,深深鞠躬,大声喊道——老师好! 谁能理解我此刻的心情,谁能感悟我此刻的情绪,谁也不能,只有这些孩子! 我拿出礼物,一个一个发,以前我也常常会买些礼物,送给孩子们,男孩子T恤破了,我会买一件,女孩子头花不好看,我会挑一个我认为好看的送给她,当然前提是必须有进步。我们班考第一了,人人都有巧克力吃,夏天到了,我会奖励冷饮、雪糕,虽然不贵,可是我们师生乐在其中。礼物发完了,下课铃响了,我不得不走了,身后传来呜咽声,慢慢变成大声哭泣,我跑出教室,跑出学校,不停地跑,很远了,才想起没有和同事们告别。

不久,同事送来一封信,我都不敢看,怕伤心,我像是揣着一块烫手山芋,不知所措。镇静了几天,打开信,我心中的伤疤再次被揭开,直至今天依然未愈。

这是班里一个女孩代表大家写给我的一首诗,做了多年的老师,从未有人给我写过诗,这首诗写出了孩子们的心声、我的心声,但埋怨局长的话我不赞同。

离开

上了九年的学

遇到过很多老师

可是他们好像从不存在过一样

没有那么多的不舍

从刚到初一

每天看见你在校门口的微笑

我们很开心很喜欢你

我曾对闺蜜说

这个校长能给我们上课该有多好

那该会有多幸福呢

我们都没有想到

梦想成真了

初二那年你竟成了我们的物理老师

我们说不出的开心

每天上课认真听讲

回家认真写作业

你对我们真的很好

你就像是我们的妈妈一样

爱我们关心我们

教给我们很多的课外知识

告诉我们要多看书

告诉我们女生说

姑娘们要好好学

将来过的一定要好

过手心朝下的日子

告诉我们……

这样的时间并不长

那天你出差了

一个星期了你都还没回来

代课老师讲根本没人听

但我们每天都很认真地完成笔记

因为我们等着你回来

带着我们复习迎接中考

你回来了

可是我们等来的只是你的离开

听到这个消息

大家都开始抱怨

抱怨局长怎么这么坏

你走时给我们留了很多纪念品

看着你转身离开的背影

心里有说不出的难过

那一刻

我想我再也不想上学了

我想放弃我的梦

那天

新老师来了

班主任让我们用热烈的掌声欢迎新物理老师

我们只是淡淡地拍了几下

她开始讲课了

我们都低着头

当我们抬头看见那张陌生的面孔

尤其在我们的物理课上看见

她的声音是那么的刺耳

不再是我们熟悉的声音了

眼泪不停地在眼眶中打转

你临走时

告诉我们一定要好好学

可是那时候我们哪儿有心学

大家都很难过

那节课大家都哭了

物理课……呵呵

它不再是我们每天盼着的课

我们喜欢上的课

上多久也不会累的课了

致我们最亲爱的妈妈高红珊老师

爱国，是民族的灵魂

再过几天就是国庆节了，我们在为放假高兴的时候，不要忘了我们是中国人！爱国是我们必须做的！

中华民族是一个伟大的民族，爱国主义精神是我们这个民族最美的花朵。爱国，是一个神圣的字眼，在历史发展的曲折过程中，爱国主义历来是我国人民所崇尚的。进入二十一世纪，我们伟大的祖国日益繁荣昌盛，爱国主义更应该成为这个时代的最强音！爱国主义是我国各族人民团结奋斗的光辉旗帜，是推动我国社会历史前进的强大动力，而爱国教育无疑是最重要的教育！

回顾中华民族的历史长河，无数为国家抛头颅、洒热血、无私奉献的民族英雄至今活在我们心中，古代，有南宋的岳飞，明代的戚继光、郑成功……近代以来，为了保卫国家，反抗帝国主义的侵略，更是有许多仁人志士为捍卫民族主权而慷慨就义。新中国成立以后，有很多杰出人物，如邓稼先、华罗庚、钱学森等，他们放弃国外荣华富贵的生活，回到贫穷的祖国来，为国家的现代化建设贡献自己的力量。这些人的光辉形象和他们可歌可泣的动人事迹，永远激励着每一个中国人奋发向上！

爱国精神，是不分国界的。不仅在中国，在世界许多国家中，爱国教育也是极受重视的。

美国一个普通的乡村教师说过一句话："不懂得热爱国旗的学生，无论他多么出色，都不是好学生。"在美国，热爱国旗是一件极其平常而又非常光荣的事。在波兰，每一所学校都专门设有爱国主义教育课程，并使之融入政治、历史等科目中。在泰国，爱国主义教育，是每个学生必不可少的一门课程，政府极其重视对青少年进行民族传统和爱国教育。最具特色的是韩国，它把爱国主义教育渗透到社会生活的各个方面。韩国人历来以使用本国产品而引为骄傲。可见，爱国主义精神是全世界人民共有的宝贵财富。

我们作为新世纪的青少年，是祖国的希望，祖国的未来必将属于我们。因此，我们更要继承和发扬崇高的爱国主义精神。

江泽民同志说过："继承和发扬爱国主义精神，要体现在行动中。"如果祖国需要我们抛头颅、洒热血的话，每一个有正气的中国人都会毫不犹豫地为国捐躯。但是,现在我们生活在和平年代,祖国并不需要我们上战场。我们应该如何来爱国呢?作为学生我们首先要做到的是热爱自己的学校。一个连自己的学校都不爱的学生,又怎么可能爱自己的国家呢?热爱学校是一个非常具体而切近的行动。学校为我们提供了优良的学习环境,老师们为培养我们成才而兢兢业业,这里是我们成长的摇篮。作为虎台分校的学生,我们没有理由不去热爱自己的学校。每一位学生都要像爱护自己的眼睛一样去维护学校的形象和荣誉;我们要真心实意地尊敬我们的老师;我们要自觉地保护学校的一草一木,美化自然环境,创造高雅的人文环境,使学校成为名副其实的花园、乐园;我们还要像对待自己的兄弟姐妹一样去热爱学校的1000多位同学,让我们互爱互学,一起欢乐成长!我们要珍惜时间,刻苦学习,努力拼搏,各学段都获得优异的成绩,将来为祖国贡献自己的一分力量,以此来报答养育了我们的学校,报答我们敬爱的老师!

爱国,是至高无上的品德、是民族的灵魂。亲爱的同学们,为了学校的荣誉、为了我们肩上的重任,为了中华民族的腾飞,让我们努力学习,做一个无愧于人民的具有爱国主义情怀的学子吧!

开题随笔

一、难度之大,令人回味

前往东师大学习之时,我初步做了设想,但没想到"求学"如此之难。我在七期所有学员中年龄排老二,可见我的同学们有多年轻。同时我还是非"学前专业",却偏"向虎山行",我也是很有勇气的人。回首东师大第一次集中学习,实在令我回味无穷。

二、艰难之余,收获颇丰

我的导师是一名年轻的博士,初看起来,以为自己预想好的课题,应该得到赞许,可是三言两语就被否定。再三交流之后,确定了现在的课题。

之前也做了不少课题,但那时才发现,自己根本不专业,老师的要求好高啊。我从来没有上"知网"查阅过资料,也没有做过什么"文献综述",发现自己简直就是一个小学生,什么都不会。白天,我们要上课,不断消化"大家"们的讲座,晚上就开始在狭小的空间"做学问",天天有种"崩溃"的感觉。不仅时间根本不够用,最关键是头脑不够用。我们几个人跑遍了长春所有的书店,很多年都没有这种学习热情、购书热情。虽然买了不少书,可是能用到的却微乎其微。

导师的指导很高大上,只是我的理解却很肤浅。经过多日的思考、查阅资料、查看书籍,我们终于理清了思路,走上了真正意义上的"课题"研究之路。深思熟虑之后,我和我临时成立的研究小组开始了研究历程,我的小队员们一个赛似一个,这里一定要给她们点赞,如果没有她们的"鼎力支持",我根本无法完成导师给予的任务。短短一天时间,文献综述、研究内容、目标、意义、研究步骤全部完成,虽然经历了多次修改,但大部头著作终于出炉。上台讲"课题"时,我一点儿不紧张,虽然老师们提出了很多意见和建议,但我确有一种"大获全胜"的满足和喜悦。

三、返岗反思,准备不足

煎熬似的十五天结束了,回到单位还有点不适应轻松的节奏。我又和我的小组员们坐在一起,研究课题,听点评回放、谈心得体会,感触很多。我们小组基本半个月开一次会,包括假期也没有停歇。我们设计了调查问卷,大家热烈讨论,确定了问卷的内容。在市教育局支持下,我们收到了3233份问卷,大获成功。大家根据自己的分工,每个人都很努力,一稿又一稿,不断修改,现在基本形成最终成文,我们也即将申报为市级课题。我的一篇论文也已在《青海教育》发表。

四、重整旗鼓,再次出发

随着五月的临近,我又要踏上征程,正式参加高研班"课题开题仪式"。近期我们小组又在不断开会,不断讨论、修改、完善,相信我带去东师大的是一份满意的答卷。

"我信你个鬼"

9月2日午饭后,新接任大班的许老师带着班里的小朋友外出散步,散步时许老师说,刚吃过饭不能跑,对身体不好。走着走着,A小朋友和几个小朋友与"大部队"分离自行活动了,我走过去告诉他,"小朋友,排队走路的时候不可以脱离队伍,要一直跟着老师哦"。可是刚走了没两步,他们几个又停留在原地打闹了,我又对着他们说,"不听指挥是不对的,外出的时候小朋友一定要紧紧拉着爸爸妈妈的手,不然容易走丢,被坏人抱走了,就回不来了"。其余的小朋友还没反应时,A小朋友直接对着我来了一句"我信你个鬼"。班里其他小朋友就笑了,有的孩子跟着说"我信你个鬼",我对A小朋友说:"你叫什么名字啊,这话是不是看手机学的,这句话是不对的,是没有礼貌的表现。小朋友们不可以学这句话,我们要做个有礼貌的孩子,没礼貌的孩子我们可不喜欢哦。"随后就准备结束饭后散步,但是A小朋友又脱离了队伍,我再次走过去对他说:"A小朋友,刚才老师已经说了不可以离开队伍,你又犯错了,再有一次,我就要惩罚你了。"

A小朋友接着来一句:"我家有大锤!"

"你家有大锤怎么了?"

"我家有大锤,我不怕。"

许老师带着孩子们回到了班级,让其他孩子午休,和A小朋友进行了几分钟的单独交流,"你今天自行离开队伍是不对的,容易走丢,对老师说的两句话也是不对的,非常没有礼貌,以后不能这样说话。犯错误就要改正,而不是用你家的大锤哦,你知道错了吗?"他说知道了,便去午休了。

爱跳舞的男孩

七月份,院里要举办"建党百年、建院七十年"的演出活动,需要大量的小演员,中班、大班还好说,小班挑人就比较困难。四月初的一天,我突然发现,在一大群"打酱油"的小朋友中间,有一个可爱的"舞者",看身形应该是小班的。我仔细观察,看到他节奏准确,舞姿到位,不错呀,这是一个难得的好苗子。排练间隙,我走上去和他聊天,知道了姓名、班级等,然后很认真地竖起大拇指夸了他,并且告诉周围的小朋友要向他学习,我当时看到了他眼中显现出的自豪,以及周围小朋友的羡慕。第二天开始,让我感动的事情发生了,每天他都会主动和我打招呼,不管什么时候、什么地点,甚至远远看见我的背影都会大声道:"院长老师好!"我只是做了老师该做的事,他的回报却是感动。之后,只要看到排练,我总会关注他,当然我还和不同的小朋友聊天、鼓励他们。慢慢地,小班留下的"舞者"越来越少,尤其是小男孩,就剩他了。仔细观察,我再次发现,排练时,他格外认真,圆圆的眼睛里全是灵气,让人看着就喜欢。休息时,他十分顽皮,和其他小朋友打闹嬉戏,一刻也不闲着,哪里有刚才认真的样子啊。演出的时间到了,看着化了妆的孩子们,我开心不已,我在找那个小班的男孩子,那群"小鸡"中哪一个是他,哦,那个操心别人的、那个调皮的就是他!音乐响起,一群可爱伶俐的"小鸡"上台了,那么复杂的音乐,没有一个小朋友踏错节奏,我一直看着那只"小鸡",那个唯一的由男孩子扮演的小鸡,可爱极了!我坐在台下,感受到莫名的幸福。

这个小班的男孩子,中等个,性格温和.但认定的事非常倔,基本不会改变自己的想法。我常常看见爷爷、爸爸来接,经过了解,爷爷和爸爸很喜欢运动,周末基本都会带他出去打球、爬山等,所以,他也很爱运动,他的运动协调性、平衡能力比同龄人都强。今年,在挑选小朋友表演节目时,他便脱颖而出,节奏感强,动作协调,表演到位,成了小班幼儿中的佼佼者,同时在老师的指导下,他成了院里众多"舞者"中的佼佼者。

他的成功主要得益于家长的培养,他爸爸很阳光,爱运动,所以孩子也和家长一样。我们的周围,也有很多可爱的孩子们,家长渴望让孩子上台表演,展示自我,但由于家长平时不注重培养孩子的好习惯,有的小朋友学起来不踏实,动作总是不到位。有的小朋友动作总是不协调,根本赶不上节奏。有的家长还只想让自己的孩子始终在C位,众口难调。

这个案例给我的启示,一是教师在教学中要以《指南》为基,要加强孩子运动技能的培养。尤其要加强幼儿协调性、平衡能力的锻炼,对于不同幼儿要因材施教,采取不同的渐进式方法,不断改善幼儿的小缺点、小毛病。二是做好家园共育工作,要积极带动家长,交给家长科学的方法,很多家长第一次当父母,不知道怎么教育孩子,溺爱孩子现象比比皆是。有的家长忙于工作,孩子基本由老人带,老人的第一想法就是"看好、守好、吃好,别出事",导致有些幼儿唯唯诺诺,尤其是胆子小,跳绳不敢跳、车子不敢骑、滑弟不敢上等,甚至走路都是战战兢兢,也就无法谈到动作协调。所以,家园共育带动家长科学育儿,一定是关键环节,这也是我们今后工作的重点。

两只小羊

2013年4月,我来到幼儿园工作,当时西宁市保育院与西宁市第一幼儿园合署办公,我的职务是党总支书记、副园长。

来到了幼儿园,一切都是陌生的,一日生活流程,幼儿的课程,食堂管理,我什么都不懂,那一段时间的我郁闷至极。昨天我还带着初中生迎接中考,今天我突然来到了一群童言稚语的孩童当中,那时候的感觉就是突然从云端掉落到草地。

我记得在幼儿园听过的第一节课是小班语言课《两只小羊》,班级老师形象生动、绘声绘色地开展教学活动,我这个中学物理教师一脸发蒙,如坐针毡,不知所措。这篇课文的内容是:东边来了一只羊,西边来了一只羊,走到小桥上,谁都不让,扑通一声掉下河。当老师讲到"扑通一声掉下河"时,所有的小朋友全部"扑通"从小椅子"掉"到地上,同时还有一个小朋友非常应景用手指挑出自己的鼻涕,高声叫喊着:"老师,我的鼻涕"!此情此景,我当时都有要疯掉了的感觉,我在想,我是来做什么呀,昨天我还在讲电功率迎接中考,而今天呢,我竟然来和一群"扑通一声掉下河"的、趴在地上不起来的小屁孩儿为伍,难道今后我就要每天擦鼻涕、提裤子、擦屁股、讲故事吗?之后的很长一段时间我都回不过神来,不知道自己应该做什么。

每月有一周的时间我带班,查班时不敢说话、不敢问话,因为不懂。我悄悄地看书,解除自己心中的疑惑,但一时半会儿解决不了所有的问题。当时的我,不认识老师,不清楚"五大领域",不知道如何交流,不会讲"儿化"语言,不了解孩子的生理、心理特征,所以连和小朋友聊天,我都不敢,也不知道说什么。缠绕在我心头的都是烦恼与郁闷,甚至不知道自己今后的路该怎么走。

在三楼那间小小的办公室里,我不断地走,不断地走,如果这是一片草地,我一定能像鲁迅先生说的那样——世上本没有路,走得多了就有了路。那一段时间,我很颓废,每天在电脑上广泛阅读各类小说,什么样的小说我都看,我需要麻痹自己,因为我什么都不懂。二十多年来,我始终在课堂上挥洒汗水,再累也觉得幸福,可是今天,我觉得自己变成了废人、废人!

现在回想一下，我可能颓废了几个月。六月，局里派我去上海浦东党校参加党务干部培训，同行的是局系统二十余名同行，有专职副书记、分管党建工作的副校长、党办主任等。我担任班长，因为职务最高。学习期间，年轻的同学们羡慕地和我交流，觉得我年纪轻轻就担任党总支书记，年纪轻轻就能跨行工作，年纪轻轻就……我突然觉得自己很惭愧，大家这样称赞我，我却每天怨天尤人，充满怨气，大家都觉得我这样优秀，我却天天浑浑噩噩，无所作为。难道就要这样走下去吗？我徜徉在美丽的浦东党校校园中，开始深思自己的做法，我想起我离开回中时，学生写给我的那封信，我想起自己做教师这么多年，学生们对我的尊重、敬仰，不断在反问自己——你要怎样做？你要走向哪里？混日子，对得起组织对你的培养吗？对得起学生们对你的期望吗？找领导调岗、认输，绝不是我的个性，更不是我的态度。其实在培训中，大家也深深感动着我，我们一起听讲座、写感悟、做交流，我们一起参观世博会展馆，感悟中国精神、上海速度，深感我们教育人肩上的重担。离开上海的最后一天，我独自赶到书店，购买了大量学前教育书籍，返程的路上，看着鼓鼓的书包，我突然释然了，明白了自己前行的方向，明白了自己要面对的挑战，明白了自己的责任——不是逃避、不是怨恨，应该是奋进！

现在的我，是青海省学前教育专家库专家，是青海省多项国培项目培训专家，完成、主持了多项国家级、省级、市级课题，今天的我，和班子成员一起，团结带领西宁市保育院不断前行，取得了不菲的成绩，拿到了一块又一块的奖牌。我们一起做课题，研究课程，我们努力带新人，做思政，为保育院的明天打基础。

我现在每天都很忙，忙得充实，忙得快乐，忙得幸福！偶尔想起"两只小羊"，我会笑，因为我也会上这节课了，我已懂得了这节课背后的深意。我的眼睛总会看孩子们的裤子有没有穿好，鞋子有没有穿反，他们的喜怒哀乐牵着我的心，孩子们的笑声、哭声会立即引起我的注意。还有我的口袋永远会装干净的手纸，因为随时准备为可爱的小朋友们"擦鼻涕"。

制度是管理的保障

2014年年底,根据局党委的安排,西宁市保育院新一届领导班子终于组成,沉寂了多年的一个优质幼儿园终于再次重现在全市人民面前。

西宁市保育院始建于1951年,首任院长为一位红军老战士。始建之初,它是由青海省民政厅直接管辖,级别很高。它曾是青海省牧区干部子弟幼儿园,给许多为青海解放、为青海经济建设做出贡献的干部群众解决了后顾之忧,是受到无数社会赞誉的优质院所。

岁月流转,西宁市保育院划归西宁市教育局管辖,但它依然散发着自身独特的魅力,深受群众欢迎。2008年为了配合城市建设,这所名园被拆迁,教职员工被派到上海、福建等学前教育发达地区学习、深造。2012年3月,市保育院和市第一幼儿园合署办园,2013年4月,我这个熟悉中学管理,坚守教学一线的人,到市第一幼儿园、市保育院担任党总支书记、副园长,经过一年多的时间,2014年年底,由我担任院长的新领导班子终于组成,西宁市保育院终于"重现江湖"。

新的院址是租借的,离市中心较远,和原来比,地理位置、生源等都相差甚远,教职工们垂头丧气,怨声载道。但这些都不是重点,因为这些状况是我们预想到的,最艰难的是没有任何中层干部,我们班子三人既是院长、书记、副院长,同时还要兼任总务主任、办公室主任、保教主任。从2015年新年伊始,我们就开始深入群众,调研了解,掌握第一手资料,最终在局党委的支持下,2015年4月通过竞聘的方式,三位中层干部走上了管理岗位。

来到学前工作,注意到幼儿教师与中学教师有很大不同,教学相长的缘故,她们心性善良,做事略显幼稚,因为没有考试成绩的要求,故而不注重课堂,组织活动、请假等十分随意。

由于是一所名园,我们的教师队伍综合素质较高,尤其是个人能力很强,不少教师在琴、画、舞蹈等方面水平高,工作能力强,思想活跃,但平均年龄42岁,属于老旧队伍。

新园开始工作运转,依法办园是首当其冲的工作,我们班子成员查阅资料,了解现状,深入到教职工中,通过谈心、走访、座谈等形式,做了大量的调查准备工作,制定了较为详细的管理制度。由于新的制度体系较为严格、较为翔实,理念先进,科学有效,就让悠闲了多年的部分教师有了胆怯、有了杂音,但通过我们的努力,所有制度在教代会顺利通过。

2015年9月1日,西宁市保育院终于招生办园,工作开始了,我们班子成员看到教师们忙碌的脚步,高超的驾驭能力,十分欣慰,甚至连食堂师傅切菜的节奏声在我们听来都是优美的歌声,悬了许久的心终于暂时放了下来。然而,好景不长,当天中午事情就来了。因为是开园第一天,所有的幼儿对我们来说全是新生,所以保教处要求,开学第一周中午每班的三位教师(两教一保)一律不要外出,关照好幼儿,以免发生事故。但有两个保育员明知故犯,私自走出班级,来到园门口,与保安大吵之后,强行离园购买饮料。虽然时间不过3、4分钟,但这是"私自离岗"啊。消息顿时传开,院所上下一片哗然,有看热闹的、有观察状况的、有扇阴风点鬼火的、有事不关己高高挂起的,我一一看在眼中。面对这种情况,我立刻与党总支书记商议,在达成共识的基础上,第一时间召开行政扩大会议,召集教研组长以上干部学制度、谈现状,在近一下午的攻心战之后,所有干部达成了共识,两位保育员也在大家的帮助教育下,认识到了错误。

我们班子坚持"依法办园",坚持制度管人,目前园所的工作都在顺利如期进行,相信很快我们就会再次步入优质园所行列,再塑辉煌。

对初中物理教学中演示实验的几点思考

物理学是一门以实验为基础的自然科学,演示实验是最常用、最直接、最基本的物理实验,在常规教学中做好演示实验意义重大。演示实验是教师在课堂上结合教学内容进行的操作表演的实验,仪器比较简单;现象鲜明直观;做法灵活而规范,符合教学原则。经验表明,学生喜欢上有演示实验的物理课。这是因为演示是提出疑问、揭露矛盾、解决问题的有力手段,它在物理教学过程中对激发学生兴趣,获得生动的感性认识,建立物理概念,理解物理规律等方面起着十分重要的引导作用,另外通过演示实验还可以培养学生的观察、分析和逻辑思维能力。以下是自己的一些体会与大家交流。

一、美妙有趣的演示实验,能激发学生的兴趣

1."演示大气压的存在。"初中物理课本中提供了"用玻璃杯盛水"来演示。

如果照样去做,那只能收到一般的效果。实际操作中可以做以下改进:用底部开有小孔的塑料杯盛水。演示时向学生招呼一声:瞧,老师把一只盛满水的塑料杯底朝天悬挂在手中,一张纸片却能稳稳当当地托住杯中的水。这说明大气有压强,且大气压的作用很强啊!可是有些学生对大气压能托住杯中的水会持怀疑的态度,也许是纸片粘住杯口的缘故吧?此时提醒学生,"注意观察",即将按住杯底小孔的手指松开,只见杯中的水"哗啦"一声冲开纸片洒落在地。当学生看明白了教师的演示时,欢笑声驱散怀疑,学生高兴地鼓起掌来。

2.演示"电流过大"现象。现场安装好保险丝,并在保险丝上包一小张纸,取下插座盖,接通电路,点亮电灯。教师用起子将插座的两金属片短路,只见火花一闪,学生听到"啪"的一声,保险丝烧断了,纸着火了,只见一股青烟冉冉升起,灯灭了。"好险啊!""这下完了,灯泡肯定烧坏了。"惊险之余,学生纷纷议论。此时教师不做任何解释,只是再次安好保险丝,灯又亮了。这是为什么呢?学生的兴趣已达到了高潮。教师用拟人化的手法,赞美保险丝这种"牺牲自己,保护全局"的精神,并在黑板上写了这样一句:"化作青烟随风去,却把安全留人间。"同时告诉学生:电流过大是会引起火灾的。演示实验使物理教学的科学性和艺术性得到统一。这样的一堂课会给学生留下深刻的印象。

二、直观形象的演示实验,能帮助学生建立物理概念

没有演示实验的物理教学,会把本来生动丰富的物理知识变成一堆枯燥难懂的材料。不少学生反映物理难学,难就难在物理概念众多,而且抽象,不好理解。其实采用化难为易的办法,通过演示实验将概念变抽象为具体,引导学生观察物理现象,启发学生思考预设的问题。观察与思考是通向理解的桥梁。

在讲"压强"的概念时,可以设计这样的演示实验。首先把一个小木凳脚朝下放在海绵上,让学生观察发生的现象:与凳脚接触处的海绵被压凹陷了,看清凹陷的程度。然后在凳面加一块砖,再让学生观察海绵凹陷的程度:比先前显著。分析现象变化的原因:海绵受力的面积没有变,而压力增大了。得出结论:压力作用的效果跟压力的大小有关。接下来把小木凳倒过来,使凳面朝下放在海绵上,上面仍然加一块砖,让学生观察海绵凹陷程度与前次有何不同:凹陷程度变小了。分析:海绵受到的压力大小没有变,而受力面积变大了。此现象说明了:压力的作用效果还跟受力面积的大小有关。归纳总结:压力的作用效果不仅跟压力的大小有关,还跟受力面积的大小有关。所以,比较压力的作用效果需要比较单位面积上受到的压力。此时,引出压强的概念已经是水到渠成了。通过以上的演示、观察、分析和归纳,学生对为什么要这样定义"压强","压强"是用来表示什么的物理量等基本概念就理解得比较透彻。这种教法是把概念建立在感性认识的基础上,符合学生的认识规律。

三、验证性的演示实验,能加深学生对物理规律的理解

物理规律大多是通过科学实验总结、概括出来的。在物理教学中就需要通过演示实验加以验证,但有的物理规律是通过计算、推理归纳出来的,由于学生缺少感性认识而难解其意。对这类规律也应补充演示实验进行验证,帮助学生理解其物理意义。例如:从液体压强公式 $P=\rho gh$ 可知:液体的压强只跟液体的密度和深度有关,跟液体的总重量无关。对这一规律,学生往往感到难于理解,在解答具体问题时经常出错。学生产生的疑问是:既然液体的压强是由于液体自身所受的重力产生的,液体压强公式又是根据液柱来计算推出的。那么为何压强与液体的重力无关呢?为突破这一难点,在教学中可以补充这样两个演示实验:将质量相同的水分别盛在粗细相差较大的两个容器中,然后用压强计分别测出液体对两个容器底的压强,可看到:尽管两个容器中所装的水重量相等,但压强不相等。细管中的水深度大,容器底受到的压强大,粗管中水的深度小,容器底受到的压强小。这个实验有力地说明了对同种液体,压强的大小与液体重力无关,只与深度有关。上面的实验不但验证了液体压强与液重无关的规律,而且学生通过对实验现象的观察,对这一规律深信不疑,从而加深了对液体压强公式的物理意义的理解。

四、分析性的演示实验,能提高学生的认知水平

有些问题,即使老师从理论上说明了,学生也不信服或难以接受。教师可以先做演示,再做分析。如研究白炽灯的发光情况取决于额定功率还是实际功率的问题时,学生不知如何判断,若直接从理论推导,学生理解得甚少,效果不理想。为此可设计这样的实验:取一块自制的简易家庭电路板,将"220V 100W""220V 40W"的两个灯先并联接入家庭电路中,观察两灯的亮度,"220V 100W"的灯亮,两灯此时的额定功率等于实际功率,然后将两灯改接成串联电路,再观察它们的亮暗情况,反而是额定功率较小的"220V 40W"的灯亮,说明此时该灯的实际功率却比另一只灯大。通过这个实验的演示,如何判断,学生一目了然,若再结合理论推导,学生理解得会更深刻。在学生获得感性知识的基础上进行

理论分析,这样就顺理成章地达到一定的理性认识的高度,从而取得比较理想的教学效果。

总之,演示实验是提出问题、揭露矛盾的重要途径,它有化枯燥为生动,化抽象为具体,化平淡为神奇的功能。演示实验是展现物理教学魅力的有效手段。

西宁市回族中学"师德五心"集体家访日活动案例

建校二十九年来,西宁市回族中学全面贯彻党的教育方针,始终坚持社会主义办学方向,积极探索教育的发展规律,实施特色化教育教学实践。学校现已成为环境优雅、设施完备、成绩逐年提高的,集教科研于一体的标准化中学。学校先后荣获"全国民族示范校""二十一世纪中国教育改革卓越成就奖""青海省绿色学校""西宁市校园文化建设优秀校""西宁市家庭教育双合格先进单位""西宁市德育工作先进单位""西宁市文明单位""西宁市绿色学校""西宁市平安校园"等荣誉称号。

一、学情调研与分析

为进一步提升教育教学质量,提高学生的综合素质,提升学校办学声誉。我们通过问卷、交谈等形式对学生家庭环境、家长素质等进行了调研。在校学生大部分来自学校周边的清真巷、富强巷、大园山、树林巷等区域。由于种种原因初、高中生源均不甚理想,学生养成教育、身心健康等方面都有一定缺失。相当一部分学生父母无正式工作,重商重利,家庭收入不稳定,离异或其他原因造成的单亲家庭数量不少。家长文化水平不高,教育孩子手段单一,无能力辅导孩子的学习,把孩子完全推给学校。所以学生学习意识淡薄、习惯较差、道德修养薄弱,基本没有远大的志向,只注重眼前物质利益。

针对这种实际情况我们从自身入手,对教师提出更高、更严的要求,鼓励教师持有一种良好的心态和正确的态度,运用科学的方法从事教育事业。教育的艰巨性和复杂性决定了我们在教学过程中需要"多心"的汇集,即"五心"的汇集(爱心、诚心、耐心、细心、恒心)。同时,在此基础上我们进一步开展了"五心师德"集体家访日活动,通过家校共同努力,共同解决众多问题,让广大教职工充分认识到"五心"教育在中学教育事业中的重要性。千方百计激发教师对这份职业、对这些弱势学生的热爱之情。引导教师体验成功的喜悦,使教师真正体会到自己在教育中的价值。

二、"集体家访日"活动开展概况

家访日活动加强了家校之间的联系,增进了学生、家长、教师之间的沟通与合作,形成了三位一体的育人网络。

(一)明确家访日活动的目的和意义

教师明确家访日活动的目的和意义,了解家访日活动是家访工作的重要组成部分,与日常家访活动相辅相成。端正思想认识,依据"沟通思想、解决问题"的原则,扩大家访影响,在学生和家长中传播重视教育的观念。

(二)优化家访日活动的策略和方法

1.家访前,班主任和家访教师认真调查研究,提出家访预案,选择典型、有代表性的学生作为家访对象。真正做到特困生家庭必访、学习成绩波动幅度大的学生家庭必访、受到纪律处分的学生家庭必访、单亲家庭或留守子女家庭必访、家庭出现重大变故的学生家庭必访、心理压力过大的学生家庭必访。

2.家访中,通过合理的谈话方式,沟通学生在家、在校表现,注重实效。做好思想沟通,做好教育政策和法规的宣讲,做好家庭教育的相关辅导,做好资料收集等工作。

3.家访后,注重跟踪追访工作。结合家访了解的情况,在日常教育教学中跟踪了解效果,随时和家长联系,选择最优教育策略巩固教育成果。

(三)家访日活动的制度保障

政教处制定精细化的家访制度,规范家访纪律,提高家访效率。要求教师注重家访实效,注意自身形象,不得接受礼物及在学生家中饮酒吃喝。同时,家访必须由班主任领队、三人一组结伴而行,家访过程中如遇特殊情况,要迅速向学校报告。家访结束撰写家访心得感悟、经验体会,并在教师中进行交流。

三、家访日活动的效果和反思

自2008年起,四年的时间里我们共组织教师418人次家访了1840余户学生家庭,在稳定学生思想、引导学生健康成长方面起到了积极的促进作用。老师和家长面对面的交谈,让家长更好地了解孩子在校学习、生活和思想情况,也使老师更多、更真实、更全面地了解学生家庭、了解学生本人。大量的心得体悟吐露了老师们的心声,也改变了老师们对学生的态度,简单粗暴的呵斥变成了亲近舒心的沟通,机械化的埋怨变成了工作上的积极乐观,疏远的师生关系变成了和谐的朋友关系……2009年6月《中国教育报》以题为《家访改变了学生,感动了老师》的文章对我校家访日活动进行了专题报道。2010年6月,学校获得了由西宁市妇联、西宁市教育局等部门授予的"西宁市双合格家庭教育工作先进集体"的荣誉称号。

(一)学生方面

1. 为家庭经济困难的学生送温暖。看到的和想到的之间的差距,就是师生关系的认知距离。当我们很多人都生活在高楼大厦中,享受着阳光的沐浴时,你难以想象狭长巷道里的"蜗居陋室"生活,除床、灶以外,几乎连张写字桌都是奢侈品的黑暗、拥挤的陋室,甚至有的学生家铺面与居住共用一室,学生就是在油腻的饭桌上完成作业。到了冬天炉火不旺,潮湿阴冷的屋子,学生蜷缩在被子里写作业。平日里我们总是埋怨学生作业本上污渍斑斑、不整洁;作业本上有难闻的炕烟味,甚至还有昨日的饭渍;穿在身上的校服、球鞋很难保持一周的干净……此刻我们都明白了,我们也都为此而流泪,他们生活在高楼林立的都市,成长在"城市让生活更美好的"当下,可却生活在——一个贫瘠、落后、偏僻的地方。是家访让我们了解了这些,也为孩子们送去了尊重、肯定,带去了微薄的经济帮助,使贫困生家庭充分感受到了学校和老师的温暖,同时家访教师与学生家长做了深入地沟通和交流,全面地了解了当前贫困学生的家庭情况,把学校对贫困学生的资助政策和学生在校期间受资助情况做了详细的介绍。

2. 为学习弱势的学生指明方向。帮助学习弱势的学生一直是学生思想政治工作的重中之重,只有把学习后进生的思想工作做好,让学生自觉自主地去学习,学生工作才算成功。学校在家访活动前召开会议研讨,对学习后进生进行归类细化,对家庭的教育背景、习惯以及家庭的期望值进行了解,对班主任反映的问题突出的学习弱势学生进行家访,从而改进工作方法和思路,为学生的学习进行规划,让其在初中生活中找到适合自己的目标,这样学生就会产生学习的动力。真正走进学生,我们的老师们深感"教书育人"四个字所承载的厚重的责任感和使命感,开始反思自己平日里教学方法的简单、粗暴和无知,顿悟有教无类、"因材施教"都源于爱。以下就是一位教师家访时的经历:马龙同学理解能力较强,思维也较敏捷,但在班里却是老师和同学都头疼的问题学生。通过家访了解到他生活在单亲家庭,父亲常年在外,由爷爷奶奶照看他的生活和学习。爷爷奶奶对他缺乏约束力,他基本上是在散漫随意的环境中成长起来的,而偶尔回家的父亲教育手段简单粗暴,非骂即打。这就造成马龙生活和学习习惯较差,耐挫能力弱,情绪易波动,学习上缺乏耐心,和老师的对抗情绪非常大。了解了这些,班主任教师改变了策略,首先和家长商量能不能多点赞扬,少点辱骂、体罚,尽量在家中采取正面肯定的教育方式;其次,在日常教育教学中多一点关心,多一点温暖,和几位科任教师商量能不能多提问,多一点关注;在家访中还将他平时的一些闪光点和家长进行交流,对学生的前景做出积极乐观的展望。这次家访以后,这个学生的表现有了很大改观,最明显的是变得有自信了,上课知道有意识地控制自己的行为了,他还对别的学生说,"老师瞧得起我,我也得瞧得起自己"。

3.为心理弱势学生解心结。近年来,中学生群体里凸显的问题越来越多也越来越复杂。学业困难、思想偏激、个性孤僻、心理脆弱、网络成瘾等日益成为学生中普遍存在的问题。如何帮助这些孩子剖析问题成因,制定个性化帮扶方案,助其顺利完成学业也是学生思想政治教育工作亟待重点解决的问题。在家访过程中,通过与心理弱势群体学生以及其家庭的深入接触和交流,老师们真的觉得我们的孩子很棒,他们承担着本不是他们这个年龄阶段的孩子所承担的重任,由于很多家庭父母在外营生,留守的他们用稚嫩的双肩主动承担家务,洗衣做饭、照顾老人、看好弟妹、管好自己。为此,我们的老师们各自都总结出针对这一群体学生的管理方案,更多地关注他们的学习生活细节,帮助他们、鼓励他们多积极参加各种集体活动,引导他们树立正确的人生观和价值观。

(二)家庭方面

1.家访日活动把国家的教育政策带到了学生家庭中。由于家长文化素质较低,向学生家长宣传国家教育方针、政策,以及我校的办学理念、办学模式等成了我校德育工作的一个重要内容。借助家访日活动,我们努力帮助家长树立正确的教育理念,解决家庭教育方面的一些困惑,提高家长的责任意识,使家长也主动参与到学校的教育教学管理中来,更有信心地和学校携手共同做好学生的教育工作。例如,八年级某班有一位女同学有一段时间总是愁眉不展,学习成绩直线下降,班主任老师多次询问后了解到这位学生的父母因经济困难、观念传统想让孩子辍学嫁人,为此我同班主任和任课教师商量对策,作了周密的准备,向该学生的父母宣传了《义务教育法》《青少年权益保护法》等相关法律,向家长解释了国家"两免一补"的政策和学校关于贫困学生补助的相关政策,还就该生的学习情况和在校表现和家长做了沟通,告诉家长该生表现优异,有较大潜力,希望家长能尊重孩子的意愿完成学业。家访教师推心置腹的态度打动了家长,最终这位女同学没有辍学,顺利完成了学业,考上了理想的高中。这样的例子数不胜数,是家访日活动架起了学校与家庭之间的沟通桥梁,让家长们了解了更多国家的教育政策、法律法规,也让他们更多地来关注自己的孩子。

2.家访日活动把科学的家庭教育理念带到了学生家庭中。我校大部分家长不愿意与学校沟通,其家庭教育手段单一、粗暴,或是过分溺爱,或是粗鲁打骂。认为学生学习就是学校的事、老师的事,和自己没关系,不会主动为学生的学业进行课外的辅导、购买参考资料等。通过家访,老师们把科学、合理的家庭教育理念带到了学生家里,改变家长们"棒打出孝子""不打不成长"等错误理念,鼓励家长树立好的榜样为孩子做出示范,给孩子充分的尊重,去发现孩子的潜力,还孩子一个快乐的童年。通过这种沟通、交流、宣传,我们也收到了家长们肯定的赞誉,家长开始主动与学校、老师沟通,为学校发展献计献策,这让我们很欣慰。

(三)学校方面

1.家访日活动提升了教师的师德水平。因为看到了,也真实感受到了,我们的老师们就更能理解学生了,真切感受到了学生的可爱。亲其生,乐其教。深感自己身上的责任感和使命感,真正理解"五心"的深刻内涵和重要意义。爱心是前提,是基础,以大爱之心、奉献之心,全心浇灌稚嫩的花朵。老师们的师德修养、师德水平都有了很大的改观,与学生心与心的沟通,其乐无穷。

2.家访活动给学校教育教学带来了大量第一手的材料。"知己知彼,百战不殆。"只有了解学生,才能更好地实施教育。针对学生的具体情况拟定教学计划、设置课程等,帮助老师制定作业布置方案、课外辅导方案等,很大程度上家访为我们的教育教学工作提供了实施的依据;同时,家访工作的经验交流、感悟交流等丰富了我校教科研工作的内容,也有利于我校课题研究工作的顺利开展,由德育处牵头的课题获市级课题立项,现已进入探究实施阶段。

总之,家访活动,送去的是学校的温暖和关怀,建起的是家长和学校、学生之间更加平等、自信、通畅的沟通平台。那一家家热情的接待,那一句句真诚的谈话,那一次次友好的接触,促进了家庭与学校之间的互动。家访活动在老师和家长之间架起了一座友谊之桥、沟通之桥、信任之桥。我们将一如既往地开展好"百千万"家访活动,用爱心彰显崇高师德,传递人间真情。

工作心得方案篇

挂职工作心得

从2006年9月15日开始,我在局基础教育二处挂职锻炼已九个月。教育局领导和同志们在工作上无微不至地关怀、支持与指导,使我学到了很多,受益匪浅。现将挂职工作概况和体会作简要总结如下。

一、挂职期间的主要工作

(一)加强学习,提升工作能力

通过学习提高自身的政策理论水平,充实、积累教育教学管理理论知识,了解教育工作的新思路、新目标和新方法。在学校工作时,在微观的学校管理层面、教学业务层面思考较多,对宏观的教育管理领域相对陌生。挂职之后,我发现教育局的同志都养成了爱学习、善积累的好习惯。在大家的带动下,我进一步认真学习教育政策法规,熟悉教育行政事务。对教育政策法规有了比较深的理解,学会了会议安排、文件下发等行政事务处理的办法、方式。阅读了《对策与建议》《中国基础教育发展研究报告》等业务书籍,学习、了解近年来教育的热点、难点问题,如"教育公平""科研兴校""校本教研"等,提高了分析问题的能力。

学会与人合作和交流。在二处挂职期间,我感受到工作中的良好合作与交流对事业发展有很大帮助。在局机关,上下级之间、同事之间具有很强的合作和交流意识,具有换位思维,理解多、合作多、交流多。正是因为营造了一种和谐、共振的工作氛围,教育局的工作才会蒸蒸日上。

(二)在局领导、处领导的指导下,参与制定相关制度

通过"在参与中学习、在学习中参与",我对基教二处的工作由感性认识上升

到理性认识,从多方面熟悉了本处的工作内容、工作对象、工作程序和有关活动的策划、组织、开展流程。挂职期间,参与《关于创建"西宁市德育示范学校"活动的实施方案及评估标准》《2007年西宁市中小学校实践性德育活动设计建议表》《2007年西宁市中小学校师德建设活动设计建议表》《关于开展创建国家环保模范城市活动的通知》等一系列活动标准的制定工作。我体会到每开展一项工作,必须拓宽思路,在实践中不断总结经验,才能取得最佳的工作效果。

(三)参与教育活动,不断拓宽视野

在局领导和二处同志的帮助下,参与举办了"新时期班主任工作方法与学生心理健康教育指导"专题报告会。为了开好这次报告会,首先和二处同志一起对市区的8所学校的600多名师生进行了师德调查问卷、学校教师心理健康现状调查问卷的抽样调查。通过调查了解到目前我市中学班主任工作存在的突出问题及学校教师心理的潜在不良因素。同时对调查结果进行了认真、仔细分析,并提交讲课专家以达到健康指导的目的。报告会上,局领导又从不同角度对加强班主任队伍建设,努力提高班主任的政治素质、业务素质、心理素质和履行岗位职责的能力,帮助班主任教师确立和谐教育的理念和掌握和谐教育的方法,推进和谐、民主、进取的和谐校园建设进行了重要、精彩的讲话,使我深受启迪,之后深有感悟地写下了《民主管理科学施教——学校师生问卷调查启示》的文章。

在处领导安排下,我参加了市教育局教育目标考核工作及其所属中小学市标准化学校评估工作、市示范家长学校评估工作、市绿色学校评估工作,参观了五区、三县多所学校。在对学校申报标准化学校、示范家长学校的评审工作中,我学会了通过档案资料、实地察看等方法为学校"把脉",并经过归纳提炼形成自己的观点进行反馈。尤其是在参加教育局教育目标考核工作、市标准化学校评估工作中,我从评估组成员身上学到了从不同角度审视学校的方法。

(四)提高了公文写作能力

挂职之后,在局领导、二处及相关部门同志的帮助指点下,我在公文写作方面有了一定的进步。现已基本学会了文件撰稿、公文流转等。每当自己撰写的文章在领导们的指导下几易其稿、最终被采用的时候,心中有一种说不出的快乐和幸福。

二、挂职工作的体会与感悟

回顾九个月的挂职经历,对我有着深刻的启迪,以下是我的几点体会。

（一）严谨的作风

教育工作是备受关注且政治性、政策性都很强的工作。挂职期间,我感受最深的是教育局同志严谨的工作作风。有时为了文件中的某一个词进行反复推敲,对一项新措施的出台反复酝酿,认真处理好每一件事情,一个电话、一个通知、一个答复都有很大的学问。有些问题看似"微小",但如果放松自我约束,没有去认真对待,其酿成的后果就会不堪设想。

（二）优秀的品质

在基层时,对教育局的有些工作存在一定看法。挂职以后我才感到自己的片面。我被教育局同志"团结奉献、创优争先、高效运转"的团队精神所感动,面对头绪繁多、临时性任务也多的工作,领导们总能将"想"和"做"完美结合,他们对各项工作提前思索,超前谋划,即使遇上非常紧急的临时工作,也仍然能妥善地安排好,出色地完成好。教育局工作十分繁忙,并且工作思路不同、层次不同、要求不同,全局人员尤其是局领导加班加点是常事。我深深体会到教育局工作的难度之大,责任之重。同志们个个"身怀绝技",优秀的品质令我钦佩。身处他们之中,我也学到了许多,理解了许多。

（三）开阔的视野

挂职学习虽然只有短短的九个月,但使我领略到了一种新的文化,新的思考方式,新的工作视野。懂得了要做好新时期的教育工作,必须要具有开阔的视野,多经历、多观察、多思考,方能积累经验,必须要认识当前教育发展的新趋势,了解党和国家发展的大目标,把教育工作放到时代的前景中去认识;既要有微观思维,又要有宏观思维,这样才能够定位准确、方法科学、措施得力,使工作富有成效。

（四）创新的思路

创新是一个民族的灵魂,是社会发展的不竭动力。教育工作关系到全社会、全民族的综合素质。教育局的领导、同志们善于学习一切先进的工作理念、工作方式和成功经验,借鉴好的思路和做法,付诸实践,已形成了西宁教育正确的工作思路、工作措施和工作品牌。相信西宁教育今后会更快、更好、更有效地发展。

（五）做有心人

学校工作我已轻车熟路,来到局机关,尽管有局领导和部门同志的帮助,但仍然不会接电话,不会接待人。角色的突然转换让我从一个口若悬河的老师变成了一个不知所措的"学生"。做一个有心人,让我逐步适应工作、熟悉工作,进而变得自信。

三、不足和将来努力的方向

(一)不足之处

挂职期间,虽然加强了学习,但深层次思考问题较少,创新意识不够,有时工作缺乏主动性,工作作风还不够严谨、稳健。

(二)努力的方向

加强学习,深厚积累,提高政策理论水平。只有不断地学习,不断地积累,才能开阔自己的眼界和视野。这既是我的感受,也更是我应该努力学习和积极养成的一种习惯!

善于思考问题。只有善于思考问题,才不会落后。爱思考的工作习惯能让人从繁忙琐碎的事务中解脱出来,更好地把握住工作的全局,使各项工作总能做得出色、走在前列。

挂职是一个机会,也是一个挑战。我在体验中感悟,在锻炼中提高。经过这次挂职锻炼,我既收获了非常宝贵的经验,又收获了一段难忘的人生经历。我将以曾经在市教育局基教二处挂职为荣,努力工作、努力学习、开拓进取、做出成绩,不辜负大家的关心与期望。

西宁市保育院迁建开工感言

西宁市保育院成立于1951年,历史悠久,传承着红色血脉和奋斗传统,有着"红色摇篮"的底蕴。69年来,一代代保育院人发扬革命传统,艰苦奋斗,默默耕耘,无私奉献,爱岗敬业,始终耐心细致地呵护每一个孩子健康成长,用爱和理解为孩子创造自主探索、快乐成长的教育环境。是青海省级示范幼儿园、西宁市示范幼儿园,是青海省、西宁市家庭教育指导中心,是我省各大院校学前教育的实践基地,荣誉颇多。69年来,保育院为西宁市的学前教育发展做出了巨大贡献,深受社会的认可,赢得了各界的赞誉。

追溯近70年的办园历程,回首走过的风雨岁月,我们保育院人倍感骄傲与自豪,有坎坷也有坦途,既有低谷也有波峰,虽然我院经历了拆迁、搬建,但不管我们身在何方,我们保育院人始终不忘初心,牢记使命,积极发挥着一所优质院所在西宁市学前教育领域中的引领示范作用。今天,在西宁市委、市政府的亲切关怀下,在西宁市教育局党组的大力支持下,西宁市保育院迁建项目终于开工了,这是保育院历史上的一件大事,一件大喜事,我们在感动与欣喜之余,更多的是对未来的憧憬与期待,我们深感责任重大,会将压力化为动力,请大家相信,这必将更能促进我们保育院全体教职工为学前教育奋力拼搏,用更高的标准来使更多的孩子健康快乐成长。

借此机会,请允许我代表保育院全体教职员工,向一直以来关心我院发展的各级领导表示衷心的感谢,因为有你们的关爱、帮助和支持,保育院才有了今天的发展。面对社会的期望与重托,我们全体教职员工郑重承诺:让每一个选择西宁市保育院的孩子都享受到最优质的教育和服务,让每一棵成长在西宁市保育院的幼苗都饱受阳光的沐浴。我们保育院人将只争朝夕,不负韶华,传承"延安保育院"红色精神,办好院、育好苗,用诚心、用行动回报社会,为西宁市学前教育发展继续砥砺前行。

培训学习心得

一、工作中的困惑

西宁市保育院自 2008 年停办以来,人员老化,思想僵化,观念落后,人心不齐。新的领导班子自 2014 年年底组成后,在市教育局党组的关心、支持、帮助下,团结带领全体教职员工努力奋进,攻坚克难,2016 年、2017 年分别被西宁市教育局、青海省教育厅评选为市级、省级示范幼儿园。但成绩属于过去,我们面对的困难与挑战还有很多。一是教师的保育教育理念需要更深层次的更新、转变。为了解决这个问题,我们在 2015 年 9 月开展了混龄儿童的区域联动活动,旨在通过活动,提升素质,改变观念。目前,大多数教师已进入全新的工作状态,但由于多年停办,部分教师保教观念僵化,创新意识不强,致使教学进程相对比较缓慢,成效不是很明显。二是我们的教学改革缺乏高水平、高层次的理论指导和支撑,如区域联动是全院进行的活动,每周两次,活动时幼儿自选区域,并且每次不定区,完全按照自己的意愿参与,提高了区域观察的难度,幼儿参与区域活动的数据无法同期统计、分析,无法对下一步工作进行指导。三是师资缺乏,教师年龄偏大,由于年龄、观念等因素的影响,下一步的教学研究工作存在较大的障碍。

在幼儿园的教学中,首先必须明确,在幼儿阶段学习兴趣的培养、学习品质的提升、解决问题的方式对幼儿的一生至关重要。我们必须要了解幼儿所特有的学习方式,要认同幼儿是主动积极的学习者,幼儿是活动的主体;幼儿的发展是整体的,但具有个体差异性;幼儿是在游戏和生活中通过动手操作、直接感知、亲身体验学习的,儿童观决定了幼儿园课程的起点。其次,幼儿园游戏、自主游戏、规则游戏、探索游戏、区域游戏、学习性区域等名词经常出现在我们教师的口中,也是教师对目前游戏与区域活动的现状认识模糊的表现。到底如何认识"游戏",游戏对幼儿学习与发展的作用、什么样的游戏才对幼儿的发展有意义都是需要重新认识及弄清的问题。正确的游戏观需要我们把属于幼儿的游戏还给幼儿,同时设计幼儿园游戏,让幼儿以游戏的方式学习,激发幼儿的学习兴趣。第三,什么是幼儿园课程,到底如何理解和实施幼儿园课程也是长期以来幼儿园教师们困惑的问题。特色课程、基础课程、拓展性课程等更使教师对幼儿园课程的认识与实施变得迷茫。正确的课程观要求我们正确认识幼儿园课程与其他学段课程的本质性区别,正确认识课程要素(课程目标、课程内容、课程实施、课程评价)及其之间的关系,如何在一日活动中创设适宜的环境,让幼儿可以以自己独有的认识世界的方式去生活和游戏,我们做什么、如何做才能支持幼儿的学习与发展。第四,我院正在开展"混龄儿童区域联动活动"课题的研究,应该以幼儿为主体,以游戏为载体开展,还是要在制定好主题的环境下,在教师的引导下完成,等等。第五,"混龄儿童区域联动活动"课题已列入中国学前教育学会"十三五"课题研究之列,课题研究期间,需要大量有价值的过程性资料,怎样才能获得这些有效的佐证资料?

带着上述诸多的疑问,我们幼儿园的三名教师走进了徐州幼儿师范高等专科学校。

二、培训学习的收获

在徐州幼儿师范高等专科学校(以下简称为"徐师"),我们首先见到了校长蔡飞博士,通过交流,我们深刻感受到江苏教育人做好教育的坚定信念,看到了他们敢为人先,敢于开展教学改革的坚实步伐,最明显的实例就是——"徐师"的学前教育专业同时融合了特殊教育,即自闭症、抑郁症儿童的矫正等我们不敢涉足、不敢想象的领域。在校方的安排下,我们参观了"徐师"的实训基地,设施设备非常先进,教师的理念也很超前,我们受益匪浅,收获很大。我们参观了"徐师"附属的两所幼儿园,目前江苏省学前教育领域正在开展"课程游戏化"改革,它的目标是贯彻落实《3—6岁儿童学习与发展指南》,以幼儿园课程游戏化建设为抓手,高度重视幼儿园的内涵建设和质量提升。引领幼儿园树立正确的儿童观、游戏观、课程观,推进幼儿园课程实施符合幼儿身心发展规律和学前教育规律,促进幼儿健康快乐成长。因此,"课程游戏化"是江苏省幼儿园课程的一次根本性的改革,转变长期以来以"教师为中心"的惯性思维和注重知识传授的倾向,只有从根本上转变理念,才能改变行为,提升幼儿园的保教质量,其实这些观点、思路和中学课程改革的思路都是相通的。我们感到"课程游戏化"和我院正在开展的区域联动教学改革有异曲同工之处,同样都是为了发展幼儿自我成长、独立思考的个性,培养幼儿积极探索的精神及创新能力。

"徐师"有两所附属幼儿园,旗下还有50所幼儿园,有着极其雄厚的幼教资源。在"徐师"一幼,我们看到所有的空间都被利用,幼儿园会在第一学期期末由教师引导,与幼儿认真、仔细沟通,研究部署第二学期的区域游戏安排,并制订详尽计划。第二学期开始后,园里所有区域都按照与幼儿沟通过的形式,将所有游戏器材放置到孩子们可以拿到的地方,并且在材料的投放上,体现"目的性、多样性、层次性"的特点,使每个幼儿置身于其中,得到不同程度的发展。每到区域活动时间,孩子们自动结对,按照已有的安排积极开展自由组合式的活动,让老师们惊奇的是,活动要比老师们做安排时的效果还要好,并且,孩子们想象力、创造力很强,比如某个区域,上次可能是"医院",下次这里就有可能变成"肯德基"餐厅,同样的区域,经过不同幼儿设计改造。从空间的设置,到器材的选择,再到人员的重组,似乎一切都是新的,看到他们玩得不亦乐乎,让我们这些一直以来课堂上的"控制者"无法想象,甚至有种窒息的感觉,觉得自己和幼儿思维的差距太大。在这里,我们深刻认识到,我们在做区域联动活动时,给予幼儿的更多是老师、成人的思维和想法,没有真正站在幼儿的角度思考问题,没有积极发挥幼儿主动参与、主动思考的能力,致使活动效果未能达到预期成效。

在"徐师"二幼,我们得到的启发最大。园领导班子团结务实,园长思路清晰,管理有效,主管业务的副园长毕业于南京师范大学学前教育系,真正的"学院派"。园所整体以美术为特色,园里设有一个美术工作室,由一位有创新思想和创新能力且动手能力极强的专业老师带领,每月制定一个主题,充分利用废旧纸板等原材料,发挥教师们的主观能动性,整个园所呈现出一种发挥幼儿自我想象能力、自我创造、快乐生活的氛围。参观学习过程中,让我们感到处处是精品、处处是惊叹。不仅如此,区域活动、户外游戏均给我们很多的启发。"徐师"二幼营造了一个真正适合幼儿幸福、快乐、健康成长的环境。在交流讨论中,许多在区域联动活动中,令我们深刻思虑同时感到无法解决的问题,瞬间就得到了解答。如区域活动计划三段式安排,活动前的计划—活动中的实施—活动后的总结,还有幼儿区域活动记录单,教师只需要做好做记录的表,幼儿进区前自己记录。小班幼儿可用自己知道的标识进行记录,如打小点,画对勾等。中班孩子可用各区的图案进行记录,如建构区用积木标识,运动区用小脚丫标识等,教师最后对表格只是进行统计综合,这样做的效果是,既放手锻炼了孩子,教师还提高了工作效率。"徐师"二幼对于区域活动的精心设计、深度思考,让我们茅塞顿开。在这里我们真正体会到了"徐师人"对学前教育的高精度思考,深层次认识,以及为了孩子们健康成长的全身心投入,令我们无比感动,也给予我们了极大的震撼。

三、下一步工作思路

1. 积极完善我院的区域联动活动架构,快速走出困境。在培训学习中,我们感到,我院的区域架构还不够完善,思路还不够开放,教师们的整体认识还不够全面。我们还需要加大学习力度,教师整体的综合素质还亟待提升。

2. 与高校联手,从理论的高度做好区域联动研究工作。"混龄儿童区域联动"已立项为中国学前教育研究会"十三五"课题,我们将借助高校力量,认真做样本研究,为课题研究提供理论支持,同时在教学中认真加以实践,达到"科学观察—正确解读—有效支持"。

3. 选派骨干教师去"徐师"参加培训,打造一支理念新、业务精、能力强的教师队伍。学习新理论,及时更新教师观念,同时到"徐师"一幼"徐师"二幼等园所跟岗学习,通过亲自参与"课程游戏化"活动,感悟游戏活动对幼儿成长所发挥的积极作用。

"他山之石,可以攻玉",以上是我们学习考察的一点体会与收获,很多想法和认识还不成熟,需要通过实践才能得到验证。今后,我们会以勤奋务实的工作思路,扎实有效的工作作风,充满信心去做好区域联动这项教学改革,推动西宁市保育院可持续发展。

"三引领三融合"管理心得

2019年,西宁市保育院认真贯彻落实十九大报告提出的"幼有所育"工作要求,结合院所发展实际,以精细化管理为抓手,以特色发展为助推,以安全防范为保障,启动实施了"党建引领、红色引领、榜样引领"和"思想融合、课程融合、家园融合"的"三引领三融合"管理模式,提振了全院职工的精神,推动了保育院的有效发展。

一、党建引领,汇聚院所发展正能量

充分发挥党总支战斗堡垒作用,紧抓政治思想教育不松懈,狠抓优秀人才培养不断层,先后培养校级后备干部2名,中层后备干部4名,新入党同志4名,推动院所发展的后备力量不断壮大。红色引领,教育幼儿传承红色基因。铭记保育院红色传统,利用每天清晨"我向国旗敬礼"活动进行爱祖国教育,以及"宝妈宝爸故事团"红色故事录播及"壮丽70年,祖国在我心中"等主题教育活动,组织全体师幼共唱红色歌曲、诵读红色诗歌、讲述红色故事,弘扬红色文化,将"感党恩、听党话、跟党走"的红色基因植根于幼儿之心,筑牢幼儿爱国之魂。榜样引领,带动师德师风明显改善。秉承"一心爱幼儿、一心为幼儿、一心服务幼儿"的育幼理念,选树身边典型,开展了"师德标兵""服务标兵""我心目中的好老师"等评选活动,带动引领教师以高尚人品、师德来呵护幼儿的童心。同时,实施入职教师"思政导师"制,引领新教师努力实现德艺双馨的职业发展。

二、思想融合,营造和谐文化氛围

面对院所人心涣散,以"忆过去思未来""画蓝图指方向""同甘苦共欢乐"三个篇章为主题,开展"三八国际妇女节"系列活动、庆"七一"徒步活动、庆国庆文艺展演、拔河比赛、元旦联欢会等丰富多彩、主题鲜明、凝心聚力的活动,逐步形成思想统一、共融共振、团结奋进的发展格局,营造了和谐包容的文化氛围。以市级课题"中华优秀传统节日与幼儿教育融合的探究"为抓手,结合"我们的节日"教育,打造了"保育院里逛庙会"幼儿德育特色品牌活动。结合市级课题"幼儿园德育与思政工作研究"的探索需要,开设《成语故事里的中国历史》幼儿德育拓展课程,实现德育课程建设与传统文化教育研究的有机融合。家园融合,形成幼儿共育合力。积极推进家园共育的融合度,采用多种形式,宣传幼儿科教理论和家园共育的方法和路径。开展递进式"亲子共读好时光"活动,评选出21个书香宝贝、书香家庭和18个故事大王,让幼儿沐浴着"书香"成长,让书籍浸润了幼儿心灵,家园合力共育幼儿的和谐局面逐渐形成。

回忆过往,经历机构改革的保育院从人心涣散到凝心聚力,从怨声载道到团结奋进,过程艰难,但提质发展成效可喜。作为省级示范幼儿园,将再接再厉,再谱可持续发展的最美音符!

办园思想的思考与形成

担任院长后,一直忙于事务性工作,忙着打造队伍,创建特色,常常担任"消防队员",的确没有认真思考过办园思想。

2020年11月,当我义无反顾踏上教育部幼儿园园长培训中心举办的为期两年之久的"优秀园长高级研究班"学习之路后,我真正懂得了,没有引领就没有方向,没有学习就没有进步。高品质的学前教育不是忙出来的,而是要在国内知名专家的指导下,在正确的办园思想引导下,在高素质的教职工队伍努力下才能获得。

2021年7月,"优研班"开始了办园思想汇报,听着发达地区园长已经较为成熟的办园思想,深感自己学习不足,思考不够,私底下不断地找园长培训中心的教授们请教,记笔记、做录音,终于在学习结束之前弄清楚了"办园思想"的结构。

2021年9月,我在院里成立了一个"办园思想研讨小组",主要成员是青年教师,目的很明确,年轻人思路开阔、思维活跃,同时她们是保育院的未来,未来就让她们来做主。按照园长培训中心老师的要求,我们一是从读"经典"入手,学习"四书五经"引经据典,二是设计了家长问卷和教职工问卷,三是设计了访谈。读书略有成效,但问卷根本没有达到我们的目的,家长以为是提意见,教职工的提议与园长中心的要求差距太大,问卷没有起到应有的作用。访谈更是艰难,许多教职工不知道什么是办园思想,当然就谈不上思考了。一个月的时间转眼过去了,办园思想毫无进展,我压力山大。

国庆长假,我们小组召开了多次线上、线下会议,我也布置了不少任务,终于初步形成了办园思想——"育建"。"育"取自"教育、保育"之意,"建"意为"构建、重建",我们小组成员很高兴,觉得自己还是不错的,很快完成了任务,心里还透着点小得意,也没觉得太难啊。11月初,因受新冠肺炎疫情影响我未能参加"优研班"第三次集中培训,只能在线上听课和"受训",我把自己基本成稿的汇报材料先发给了我在园长中心的导师——东师大心理学院教师王萍萍博士,王博士告诉我思路不清,理论支撑不行,我有些沮丧但不敢改了,来不及了。11月5日,大家分别开始汇报"办园思想",在现场的三位老师悉心指导、善意批评之后,我终于在失望之余,找到了前行的方向,同时深刻的感受就是——好难啊!

我们小组再次反复开会,读书、查资料、研讨,循环往复,心情时常像"过山车",沮丧、后悔、喜悦,五味杂陈,常常夜不能寐。在大家的坚持、努力下,最终我们确立了"和乐"为中心的办园思想,导师终于认可,虽然还有很多后续的工作要做,但这个过程实属不易,我在欣喜之余感受颇多,故而认真记录了这次的心路历程,今后再遇到困难时聊以自慰。

省级示范幼儿园评估整改工作方案

2016年12月20日,省级示范园考核组对我院进行了考核评估,根据反馈,我院存在四个方面的问题。院领导班子高度重视,立即进行了认真分析,查找问题存在的原因,确定整改目标,在上学期末和本学期初,扎实落实各项工作措施,取得了一定的成效,现将具体情况汇报如下。

一、教育与活动相结合,切实加强团队建设

反馈中提出的教师态度不热情、配合度不够、细节不到位等问题,究其原因,还是教职工认识不统一、思想懈怠、责任意识不强、沟通协调不够、工作落实不到位,导致出现纰漏,影响了整体。提升整个教职工团队的凝聚力和执行力,是我们当前面临的一项紧迫任务,是推进我院事业深入健康发展的当务之急和关键所在。春风化雨"巧"润物,班子成员及时转变思路,以多种方式进一步加强团队建设。一是教育明识。组织全体教职工反复学习熟记社会主义核心价值观及习近平总书记有关教育和教师的系列讲话精神,为每名保教人员发放《教师的二十项修炼》一书,要求阅读并写出读书心得,引导教师认真思考,督促教师自觉遵守《西宁市保育院幼儿教师职业道德规范》,注重提高自我形象,强化立德修身意

识,尤其是要求党员干部教师要结合"两学一做"学习教育,起好模范带头作用,争做"四有好老师"。分享经典文章、典型案例等,以小故事阐明大道理,帮助教职员工树立团队意识和大局意识,以院所事业发展为共同目标,形成共识,强化使命感和责任感。召开了行政人员会议,分析问题,查找原因,进一步明确职责,强化责任担当。行政工作重点加强了食堂管理工作,增加了炊事员政治学习、业务学习的时间,提升他们的综合素质和业务水平,要求精益求精做好各项工作,让食堂也要成为院所的特色和骄傲。在全院教职工大会上,院长做主题发言"做一名幼儿欢迎的老师",希望老师们也能做到"公正平等、和蔼可亲、风趣幽默、良师益友、爱心宽容、欣赏鼓励、热情开放、教法灵活、乐观微笑、漂亮自信"。寒假期间,结合教师基本能力和专业技术能力培训,加深教职员工对团队凝聚力的认识,要求每人以"如何增强团队凝聚力"为主题撰写心得,更深刻地领会团队的意义所在。二是活动促行。元旦举行了迎新年联欢会,鼓励教职工组合表演节目,加强团队合作意识。三八国际劳动妇女节之际,组织全体女职工开展了"践行'两个绝对'·争创和谐团队"系列主题活动。通过主题发言、创意小组活动、团队训练等活动,激发女职工参与、体验创新实践和团队活动的热情,加强了相互之间的沟通,促进了信任感及创造性解决问题的意识的提升,感受到了集体合作的力量。小班组荣获了"最佳团队合作奖"。三是以情感人。班子成员分别联系三个年级组,并多次找教职工谈心,了解他们的工作、生活情况,征求意见建议,并及时答复整改。在"两节"期间,为教职员工发放慰问品,激发教职工的工作积极性。四是完善制度。3月1日,召开了我院工会九届三次教职工代表大会,讨论审议并通过了《西宁市保育院教职工考勤制度》和《西宁市保育院教职工考核制度》修订稿,不断调整健全教职工考核激励机制,使制度真正能激发教职工履行职责的积极性。五是营造氛围。在走廊上张贴"合作""微笑"的宣传海报及各小组的标识、口号、合影照,提醒每个人都是团队的一员,时刻要注意自己的言行。目前,教职工队伍目标一致、思想稳定,带着微笑做好每一天的工作,形成了和谐融洽、团结共进的氛围。

二、宣传与观摩相结合,不断转变家长观念

家长问卷中反映出希望我院教育"小学化"的倾向,说明我院对家长的宣传教育还有欠缺,不到位。针对这种情况,院长牵头保教处和教研组,找原因、想对策、定措施,确定本学期家长工作的目标是办好家长课堂,结合家园共育工作中的实际问题,找准切入点,提高家长对幼儿园工作的认同度与参与度;丰富活动内容与参与方式,努力营造家园合力的教育环境,提升亲子关系、师生关系、家园关系的亲密度和融洽度,增强对家庭、社会的服务功能,明确服务意识,扩大服务范围,提高服务水平。一是加强宣传教育。寒假发放了致家长的一封信,告知家长在假期中的注意事项;利用家园联系栏、班级QQ群、微信群等,向家长宣传《纲要》《指南》的精神,使家长知晓各年龄阶段幼儿的认知和发展水平,更好掌握符合孩子年龄特点和学习方式的科学教育理念及教育方法。二是举行亲子活动。开学初,中班组开展了"亲亲热热一家人"主题活动,并结合三八妇女节这个节点,邀请幼儿的妈妈、奶奶、姥姥来院参加亲子活动;挖掘家长教育资源,目前进行的主题活动"青海——我美丽的家乡"得到了广大家长的大力支持和配合,家长与孩子共同制作完成了"美丽的少数民族服饰""青海美食相册""土族轮子秋"等一系列作品;大班组举行了家长半日开放活动,邀请家长现场观看了集体教学、课间操、区域活动及午餐,了解孩子在园情况。多样的亲子活动和开放日活动,使家长直观地了解幼儿在园的教育内容和形式,向家长传递我院的教育理念,促进家长教育水平的提升。三是强化家园沟通。利用离园时间及QQ、微信等网络工具加强与家长沟通,及时反馈幼儿在园情况,发送幼儿活动照片,让家长放心的同时,支持理解配合我院保育教育工作。本学期,我们将继续倡导"共同成长"的理念,多途径多方式加强家长工作,充分发挥家长委员会的桥梁作用,鼓励家委会成员了解、支持并积极参与幼儿园管理;召开家长座谈会、发放家长问卷、设立意见箱,多种渠道听取家长的意见和建议,不断改进工作;继续向家长普及学前教育知识,指导家长科学育儿;激发家长参与幼儿园教育的积极性,聘请家长助教,丰富幼儿教育形式与内容;坚持定期向家长发放《幼儿成长手册》《幼儿发展反馈表》,根据幼儿在成长过程中出现的不同问题,有针对性地与家长沟通,开展个别化指导;邀请家长评委参与园所活动评比及保育、教育、伙食、保健以及教师的师德与教育水平等方面的评议,及时发现问题并整改,有效提高保育、教育质量。

三、领域与活动相结合,注重突出教育价值

针对教育内容应加强各领域互相渗透,我们组织教师再次学习《指南》《纲要》,明确教师在课程组织与实施中支持者、合作者和引导者的身份,强调要以幼儿的需要、兴趣、经验、探索和体验为重设计课程。在制订本学期教学计划时,我

们经过反复研讨,着重加强课程整合,要求教师结合教育主题精心设计、组织、实施教育活动,注重五大领域知识经验的融合渗透,认真开展课程游戏化教学实践与教学研究,提高集体教学的有效性,努力促进幼儿健康全面发展。一是加强了五大领域间的相互渗透整合,二是以主题方式进行整合。如中班组开展"青海——我美丽的家乡"主题活动,在了解认识家乡的基础上,每个班还组织幼儿通过集体教学、区角延伸活动、主题墙制作、家庭亲子活动等不同形式,从风俗、习惯、服饰、饮食、音乐、舞蹈等方面重点认识一个民族,家长和幼儿的兴趣浓厚,参与热情很高。轻松、自然的游戏化活动,促进了幼儿情感、态度、能力、知识、技能等方面的发展,效果很好,我们将在此基础上形成富有本土特色的园本教材。正在进行的"走近小学"大班主题活动,也将综合多种教育形式,围绕一系列内容进行,激发幼儿的入学愿望,帮助他们做好入学准备。

我们在日常生活中也渗透了社会性情感教育、德育教育、健康教育、文明礼貌教育、环保教育、安全教育等,如主题活动"开学第一课""妈妈的节日"等,丰富了幼儿的生活与体验,激发了他们爱父母长辈、爱老师、爱自然、爱家乡的情感,使他们产生广泛的学习兴趣,在勤于思考、勇于尝试、乐于运动、大胆交流中变得更加自尊、自信、自立。

四、鼓励与指导相结合,建立和谐园所氛围

在我们的区域联动中,有个别教师没有做到适时指导,导致幼儿自己无目的地游戏,没有达到在体验中发展知识、情感、技能等方面能力的目的。针对这种情况,我们在12月29日的教研活动中增加了"区域中教师如何指导"的讨论内容,每个公共区域派1名代表共10名教师结合自己负责的区域情况进行了主题发言,从参加区域活动孩子的年龄构成谈起,查找存在的问题,分析原因,阐述小组讨论形成的应对策略。老师们积极发言、大胆讨论,气氛热烈,就教师如何适时适度指导、如何站位、如何以游戏参与者的身份恰当地引导展开讨论,形成共识,并就如何提升幼儿游戏水平、增强活动效果,提出了以大带小、增强合作、提升兴趣、调整场地设置等建议,已经开始逐步整改。

我们在各类会议、学习中,反复教育全体教职员工秉持"包容、开放"的心态,遇到问题多从自身找原因,实事求是,就事论事,本着解决问题、共同成长的目的与他人进行有效沟通,构建和谐的园所人际关系,营造院领导与教职工、教职工与教职工之间的和谐氛围。进一步引导教师在教育中实践爱的教育,认真践行

我院的教风——"五心",将"童心、爱心、信心、耐心、细心"真正贯彻落实到具体的思想、行动和工作中,扎实履行岗位职责,关心爱护每一名幼儿,观察体会孩子们进步的点点滴滴,做好日常工作,让幼儿、家长、社会满意。

以上是我院自评估后开展的各项整改工作情况。今后,我们将在省市教育部门的关心指导下,继续再接再厉,严格要求,关注细节,认真做好每一项工作,努力奋进,推动园所事业发展。

虎台中学分校校园文化示范校建设方案

虎台中学分校是一所地处城乡接合部的薄弱学校。学校现址前身为城北区西郊中学,后更名为西宁二十四中。2001年西宁十七中、二十四中、二十六中合并,2004年因与虎台中学形成联合办学体,改名为虎台中学柴达木路分校。在上级领导的大力支持下,短短七年时间,学校已"今非昔比""天翻地覆",迈出了可喜的一大步,学校各方面工作得到了社会各界的认可。但我们深知,学校发展的更大魅力在于有丰富的智力背景和浓厚的文化底蕴,校园内要形成学习、思考、探索、研究的氛围,学校注重校园文化的导向、激励、传递审美、育人作用,紧紧围绕"和谐、奋进、尊重、赏识"的办学理念,精心打造"行为文化",通过校园环境文化建设、校园制度文化建设、校园精神文化建设三个方面形成了独具魅力的校园文化特色。

一、人文熏陶,建设校园环境文化

校园环境本着"追求品位、和谐发展"的建设理念,给师生以美的享受,注重体现"让每一棵树、每一面墙、每一朵花会说话"的文化特点,产生持久、潜移默化的影响,陶冶学生的情操,激发学生的上进心和求知欲。"绿色校园、体育校园、文化校园"已初步形成,师生步入校园,无时无刻不在感受美、享受美、创造美。

走进校园,耳畔响起的是由教育厅原副厅长杨全玮作词的校歌"勤奋学习、全面发展,和母校同行,和母校共进,实现我们共同的梦"。映入眼帘的是"扬起绿色风帆,是我们永远的行动"几个金色大字,体现了"绿色校园"的主题。

走进教学楼,门廊两侧的《中小学生守则》《中学生日常行为规范》每天似警钟长鸣,天天规范着学生的学习、生活,从点滴小事培养学生良好的行为习惯。

走进教学楼,主题性校园壁画论语篇、劝学篇等,激荡着每个学子的心灵,校园文化小导游会引导你了解每一个楼层的教育主题:一楼体育科技博览、二楼德育创新、三楼文化渊源、四楼中华精英、五楼中外名校。理、化、生实验室蕴含着科学至上的精神,创新能力、实践能力将在这里得以培养、得以发展,未来将在他们手中诞生。"运动快乐""读书之乐""宽容之乐"的主题形成了楼梯文化。教室门口设置统一的班级目标牌,介绍班主任、优秀学生、班级个性发展目标,学校班级文化建设体现着不同的特色。校园内、办公楼悬挂有名言警句、教育理论,时刻提醒教师身为"园丁"的责任、教育的责任;宽敞明亮的阅览室向全体师生开放,供师生自主阅览。学校即将建成校园音乐广播系统,届时国内外名曲将使所有的学生沐浴在音乐的海洋中,体会音乐的美,体验生活的美,提高学生综合素质。

走进景观文化园,绿地上摆放着雕刻有"和谐""求知""读书明理、做人成才"的黄河石,景观雕塑墙上是历代教育名家、历史名人的教育名言,脚下是"和谐、奋进——2008"的鹅卵石健身小径。景观雕塑墙上雕刻有毛泽东、岳飞的诗词《沁园春·雪》《满江红》;教育家孔子的"儒家思想"以及行知先生的"爱满天下"理论,景观雕塑墙既突出中国灿烂文化的内涵,又激发了学生立志报国的壮志凌云,同时还深刻体现了"文化校园"的韵味。

学校高标准的塑胶操场、主席台、塑胶篮球场、网球场、羽毛球场,无一不体现出"青海省青少年体育俱乐部"的风采,学生刘亮、王雅楠以全省体育状元及国家一级运动员的身份进入了北京体育大学、西安体育学院深造。"迎奥运文化墙"更是充分体现了我校学生的"绿色奥运、环保奥运"的奋进精神。

学校总建筑面积9636.77平方米,绿化面积占30%,夏天绿树成荫,花团锦簇;秋季,枝头硕果累累,水渠如玉带般环绕操场。长廊边,柳树下,琅琅书声形成校园美景。

二、以人为本,建设校园制度文化

学校应建立凸显本校优势,体现校本意识,具有独特文化特色的组织管理系统和相关规章,构建学校特色制度文化。以德治校,依法治校,坚持以人为本,以教师、学生发展为本。创新有利于师生、学校健康发展的教师管理、学生管理、教学管理、德育管理、后勤及学校设施管理等各种管理制度,使各项工作、活动有章可循,按照《中小学生守则》《中学生日常行为规范》管理学生,体现激励原则,通过各种教育管理形式,使各项管理内化为学生自主活动。体现管理的人文性,做到人文管理和制度约束的统一，形成全校上下积极进取、团结一心的良好局面。

三、创新观念，建设校园精神文化

学校的动力来自"构建尊重、赏识、和谐、奋进的校园"的办学理念和"为每一位学生的终身健康发展奠定基础"的培养目标。

校风建设："恬静、淳朴、文明、上进"是学校的校风。学校始终以"为每一位学生的终身健康发展奠定基础"为培养目标，培养教师的责任感、使命感，开展了以"学抗震英雄，树师德形象"为主题的师德演讲比赛，大力加强教师职业道德建设，做到爱岗敬业、为人师表、以身作则、言传身教，让教师产生职业的幸福感，把工作当作享受，在育人的同时育己，在成事中成人，在焕发学生生命力的同时焕发教师自己的生命力，真切地享受教师职业内在的尊严，体现自身的价值。

教风建设：学校以"严谨、务实、奉献、博学"为教风，坚持"科研兴校，质量强校"，走教学、研究、学习为一体的教师专业化发展道路。以"学为人师，行为示范"为准则，强化每一位教师的学校整体意识，树立危机意识和创新意识，开展"教师基本功大比武""课题研究展示""课例分析式教研活动"等，努力打造团队合作型、创新学习型、行动反思型的教师队伍。以"赏识学生"为核心，按照教育规律和学生健康成长心理规律，智慧地、艺术地教育学生，灵活地、巧妙地驾驭课堂教学。全面关心学生成长，认真做好每一件事，为学生终身健康发展奠定基础。利用"青蓝工程"等方式，充分发挥中青年教师的创造潜能，开展学科竞赛、质量分析、基本功比武等系列活动，激发教师创造力。学校为教师搭建平台、创设环境，开展了"网络教学模式的研究"等十七个市级课题，以及国家级课题"整体构建学校和谐德育体系研究"，让教师由课程的忠实执行者，转变为课程的开发者、思考者、研究者，让每位教师形成自己的风格，大胆接受新的教育理念、教育思想，促使教师专业化成长，推动学校发展，提高学校教育教学质量。

学风建设：以"尊师、会学、善思、力行"为学风，以学生为主体，兴趣为主导，使课堂教学成为培养学生创新精神、实践能力的主阵地。开设有"英语特色班""美术特色班"，有《法律常识》《环境教育》《心理健康》《围棋》四门校本课程，建立有"法治教育基地""环保教育基地"，形成了教育教学新的模式。扎实开展阳光体育活动，深入开展"校园锅庄舞""绿色家园艺术节""迎奥运体育文化月""校园文化墙设计大赛""美术摄影大赛"等活动，培养了学生良好的审美情趣，能够感受美、创造美、欣赏美，努力用文化感染人、熏陶人、激励人。现在学生有了明确的自我发展意识,能够认真对待自身的学业,在夯实基础知识的前提下,有了自己的兴趣爱好,确定了发展目标,力行今后人生路。今年我校学生忽志强等在第六届"ITT"杯全国中学生水科技发明比赛决赛中,作品《风与水》获三等奖,同时学校被国家环保总局(现中华人民共和国环境保护部)评为"做节能减排明星,夺绿色奥运金牌"活动优秀组织单位。2008年学校还被国家德育课题组命名为"全国先进德育示范校"。

虎台分校是一座探索求知的学园,学生从中感受到了知识的力量;是生动活泼的乐园,学生在愉快、健康的氛围中健康成长,激发了创新的激情;是充满亲情的家园,让学生在这美丽而温馨的校园里,感受师爱,感受家的温暖延伸,体味人与人交往的坦诚与和谐;是环境优美的花园,让学生感受自然的无穷魅力,体会人与自然的依存关系。

美丽的校园应该是一幅舒展的画卷,是一部无字的书。每一丛花草,每一面墙壁,都要细致而有品位,虽然默默无言,却又意味深长。让校园文化在耳濡目染、潜移默化之中感染师生,让其在不知不觉中接受教育,并内化成信念与情感。这将是我们永远奋斗的目标。

西宁市教育局关于未成年人思想道德建设工作汇报

自《中共中央国务院关于加强和改进未成年人思想道德建设的若干意见》颁布以来,西宁市教育局深入贯彻落实中央和省委、市委有关加强未成年人思想道德建设的一系列文件精神,坚持贴近未成年人思想实际、贴近未成年人生活实际、贴近未成年人群体,认真把握新形势新环境下未成年人思想道德观念出现的新变化,深入探索加强未成年人思想道德建设的新规律,采取有效措施,增强工作的针对性和实效性,创新开展各项工作,取得了一定成绩。现将我局未成年人思想道德建设工作汇报如下。

一、进一步加强社会主义荣辱观的学习、宣传、普及,广泛开展形式多样的道德实践活动

西宁市教育局认真贯彻落实胡锦涛"关于树立社会主义荣辱观"的讲话精神,不断深化未成年人思想道德建设,进一步提升师德建设水平,推动全社会形成知荣辱、树新风、促和谐的文明风尚。

1.各学校相继召开了教职工专题学习讨论会,开展了以"知荣辱、树新风"为内容的"国旗下讲话"、主题座谈会等主题教育活动。许多学校党组织还举办以"八荣八耻"为内容的组织生活会。各校积极运用青少年喜闻乐见、易于接受的方式,加大宣传力度,营造氛围,充分发挥校园广播站、德育网站等宣传渠道的作用,开展了形式多样、行之有效、丰富多彩的学习活动和系列教育活动,如"社会主义荣辱观"黑板报比赛、知识竞赛专题讲座、"辨荣辱、明人生"主题班会、"我的道德格言"学生设计比赛、演讲、征文比赛、参观爱国主义基地等,很多学校还把以"八荣八耻"为主要内容的社会主义荣辱观谱成了歌曲,编成了儿歌或童谣,广为传唱。

2.建章立制,进一步加大了对未成年人思想道德建设工作的力度,开展了大量既有针对性又有实效性的"实践性德育活动"。今年我局制定了《关于创建"西宁市德育示范学校"活动的实施方案及评估标准》《2007年西宁市中小学校师德建设活动设计建议表》《2007年西宁市中小学校》《2007年西宁市中小学校实践性德育活动设计建议表》等一系列活动及要求。目前各校正在相继开展德育示范学校、校园文化示范学校的创建活动,积极有效地开展青少年"法治教育"活动、学生心理自调系列实践活动、"诚信回归"活动、青少年爱国主义"五心"(把忠心献给祖国、把爱心献给社会、把关心献给他人、把孝心献给父母、把信心留给自己)教育活动、"爱心助残"活动等。以及"走向独立"主题教育活动、青少年"五爱"(爱自己、爱父母、爱同学、爱学习、爱生活)、"四小"(小童谣、小故事、小格言、小规范)行为规范、在中小学开展爱护公共设施活动、"弘扬和培育民族精神月"活动、"长征精神进校园""五个一"(寻找一个岗位、体验一个角色、获得一个感受、明白一个道理、学会一种本领)系列主题活动等。在"纪念长征胜利七十周年 弘扬长征伟大精神"活动中,西宁市贾小庄小学、西关街小学、湟川中学第一分校的学生向全市中小学生发出了"让长征精神在新的历史条件下代代相传"的倡议,西宁十二中等学校开展了"中学生模拟法庭"活动。最近正在紧张进行"西宁市中小学教科书循环使用、捐赠活动",目前已有西宁一中等16所学校捐赠教科书2108套,后续的捐赠工作仍在进行中。这些活动的开展,积极营造了全面推进素质教育的氛围,让学生在实践中体验、实践中寻找、实践中获得,对于加强未成年人思想道德建设起到了积极的作用。

3.认真开展学生的社会实践活动,以积极的姿态投身于"创模"工作。各级各类学校认真开展了以环境教育为主题的实践活动。为使活动落到实处,今年我局制定了《2007年西宁市中小学校实践性德育活动设计建议表》《关于开展创建国家环保模范城市活动的通知》,还投入一百万元,开展了校园文化创建活动,各校正相继实施修建学校花坛、草坪、风景树建设工程,开展"三、三、三"(三清:墙面清清,何忍涂抹;地面清清,何忍乱丢;心灵清清,快乐成长;三轻:轻轻走、轻轻说、轻轻做;三礼:礼仪、礼貌、礼节)生活德育实践践行活动、"校园弯腰行动"和青少年文明自律行动计划,教育引导学生遵守文明公约、市民公约和学生守则,提倡"让身边见不到垃圾。在身后只留下足迹"。积极开展绿色学校创建活动,一些学校正组织或准备组织学生开展"了解大自然"绿色环保夏令营,举办环保知识沙龙、环保演讲比赛,举办环保宣传手抄报比赛,建立"校园绿色小卫士服务队",力争通过活动的深入开展,培育学生的环境意识和环保觉悟,养成良好的环保习惯。西宁二十八中等多所学校已成立"校园绿色小卫士服务队"。积极配合市委宣传部、环保局开展"创模"专题"让我们亲近绿色,一路同行"歌咏比赛,湟川中学第一分校等15所省、市级"绿色学校"参赛,还组织各级各类学校参加了以"营造绿色城市、呵护绿色家园"为主题的"小学生环保故事大王"、环保画长卷活动、创绿黑板报比赛,共有72所中小学校参加,湟川中学第一分校、西关街小学等学校分获各项比赛的一、二、三等奖。在"创模"活动中,各级各类学校悬挂了横幅、设立了宣传栏、建立了"环保网页",如虎台中学的"拯救藏羚羊"为主题的环保网站,内容丰富、画面新颖,教育意义深远,深受师生喜爱。

4.重视"家长学校"工作。家庭是育人的起点,是未成年人思想道德教育的第一课堂。各级各类学校成立了家长委员会,建立了"家长学校"沟通制度。各校以家庭、学校为载体,开展社会主义荣辱观宣传教育以及"争做合格家长,培养合格人才"活动。2007年10月西宁昆仑中学等32所中小学校被市妇联、市教育局命名为"西宁市示范家长学校"。

二、进一步加强班主任和教师队伍建设,不断提高班主任生活待遇

为了加强中小学班主任和教师队伍建设,认真贯彻落实《中共青海省委、青海省人民政府关于进一步加强教育事业发展的意见》,大力实施园丁培育工程,促进教师树立现代教育意识,转变观念,更新知识,不断提高教育教学水平。自2006年10月以来,我局派出330多名优秀中小学班主任、骨干教师前往北京教育学院、上海师范大学、陕西外国语学院、青海师范大学、青海民族学院等院校参加培训,促进了教师的全面发展。同时积极开展教师心理健康工作,促进班主任专业化发展。2007年1月,我局邀请青海师大教育学院心理学专家赵慧莉教授举办了"新时期班主任工作方法与学生心理健康教育指导"专题报告会,报告会引起了班主任老师极大的震动,为新时期加强班主任队伍建设,努力提高班主任的政治素质、业务素质、心理素质和履行岗位职责的能力,帮助班主任教师确立和谐教育的理念和掌握和谐教育的方法,推进和谐、民主、进取的和谐校园建设提供了合理化建议和方法。9月我局还将有针对性地举行首届"西宁市中小学校德育论坛",这些活动的成功举办,必将使我市未成年人思想道德建设工作跨上一个新的台阶。

我局十分重视中小学班主任工作,认真贯彻落实《教育部关于进一步加强中小学班主任工作的意见》和《教育部关于启动实施全国中小学班主任培训计划实施细则》,于2006年12月制定了《西宁市中小学班主任队伍建设实施细则》,要求各级教育行政部门及学校加强对班主任队伍建设的领导,精心准备、落实责任、扎实工作,建立健全班主任选聘、培训、考核、奖励的工作制度,努力使全市班主任工作步入制度化、规范化、人本化管理轨道,建设一支适应素质教育需要的高素质的班主任队伍。自1985年以来,我市班主任津贴的标准是:不同班额分别为中学10元至14元;小学为8至12元。随着经济社会的发展,教师工资增加幅度很大,但班主任津贴至今没有变化。在学校工作中,班主任工作量很大,工作辛苦。尽管许多学校尽最大努力提高班主任津贴,但由于国家没有统一提高班主任津贴标准,各校自行制定的执行标准不同,造成了工作中的许多矛盾,影响了教师的工作积极性。

三、进一步加强未成年人校外活动的建设和管理,开展丰富多彩的校外教育活动

青少年课外活动场所遵循"要加强少年宫、儿童活动中心等未成年人专门活动场所的建设和管理,坚持把公益性放在首位"的原则,开展丰富多彩的活动以符合青少年身心特点和成长规律,近年来西宁市教育局积极加强全市各类青少年课外活动场所建设,积极协调相关部门建立实践活动基地,青海省国土资源博物馆、青海省科技馆等九所单位已成为我市中小学校课外实践活动场所。今年我局还将积极努力协调相关部门,在西宁市第二职业技术学校实训基地的基础上建立"青海西宁青少年社会综合实践活动基地",为我市青少年开展社会实践活动提供保障,为全面推进素质教育做出贡献。

2004年,我局就向西宁市政府提请了《关于认真贯彻中共中央1号文件做好

进城务工农民子女义务教育等工作的建议》,在近年来的工作中,始终坚持中央精神,认真执行国家"两免一补"政策,充分挖掘公办中小学校潜力,尽可能多地接受进城务工就业农民工子女就学,做到了进城务工人员子女与城市学生一视同仁。学校还及时了解学生的思想、学习、生活等情况,帮助他们克服心理障碍,尽快适应新的学校环境。不少学校还对流动人口子女、留守儿童要开展了"一助一帮扶"活动,为流动人口子女、留守儿童的健康成长做出了努力。

后　记

34年前,我大学毕业走进中学校门,成为一名物理教师。10年前,我从中学校长的岗位转变成为幼儿园的管理者。34年来,我从幼稚走向成熟,老领导们的谆谆教诲,同事们的无私帮助,学生们的爱戴,小朋友的拥抱……无不让我心怀感动。

回想自己走过的历程,心中有追求,这是促使我不断前进的力量。

2021年中国共产党成立100周年,举国欢庆,西宁市保育院也迎来了建院70年的喜庆日子。在这美好的日子里,在青海民族大学师范学院何九甫、孙瑞莉两位老师的指导帮助下,我们西宁市保育院将老师们多年来积累的教育活动资料、教学研究资料,以《听,花开的声音》为题结集成册出版。受此启发,我也将自己30多年工作历程中撰写的教研论文、教育案例、教育随笔、工作心得感悟等整理出来,期望印成铅字,为自己过往的教育生涯画下一个美丽的符号,给自己无比钟爱的教育事业留下一个印记。

我最初在郊区学校工作,同事们质朴、真诚,学生们至今还在和我联系,他们中不少人已成为各行各业的佼佼者,令我一分自豪。在西宁七中工作期间,是我教学生涯中最辉煌的时刻,在领导们的关心下,在同事们的帮助下,我迅速成长为一名优秀的物理教师,取得了优异的教学成绩,赢得了学校、家长、学生的好评,这为我的职业发展打下了坚实的基础。当我走出七中,去市教育局挂职,到不同的学校任职工作,西宁七中的工作经历赋予我无尽的力量!

2013年4月,因为工作需要,我来到西宁市保育院工作。当时有多难,现在我就有多幸福!艰难时,局领导的关爱支持,院班子成员的鼎力相助,使我信心百倍。困难时,同事们的无私帮助,朋友们的合作援助,促我勇往直前。工作中,在面临学科跨界、队伍重建、园所发展等困难时,我获得了许许多多的帮助和支持,真诚感谢一路走来帮助过我的每一个人!

我要感谢我的家人,是他们一直以来的支持让我用心工作,努力奋进。我愧对已去世的母亲,她最疼我,但是为了工作,我未能在病榻前尽孝,至今尤觉遗憾无限。所以,仅以此书献给爱我和我爱的家人!